格差社会でゴキゲンに生きる!

芸人「幸福」論

プチ鹿島

ズ

はじめに

私はスポーツ雑誌『Number』（文藝春秋）が好きで、子供のころから読んでいます。過剰な思い入れを排除して書かれているコラムの数々がいいなぁと、ずっと思っていました。淡々とした書き方のほうが、スポーツ選手の激烈さをいっそう際立たせている気がするのです。

では、スポーツ選手と同じくらいにエピソードが豊富で、波乱の人生を歩む人達って誰だろう？　あ、それは芸人じゃないかと気づきました。芸人版『Number』コラムがあったら、面白いのでは？　と。

その思いを酒場でゴキゲンに話していたら、興味を示してくれたのが『CIRCUS MAX（サーカス マックス）』という雑誌の編集者の方でした。この出会いのおかげで「プチ鹿島の芸人人生劇場」というコラムを2012年11月から6年間、書かせてもらいました。

決して美談だとか苦労話で埋まるコラムではなく、芸人という存在のおかしさにスポットを当てたいと考えました。おかしさとは「可笑しさ」でもあり、ヘンという意味での「おかしさ」でもあり、「おかしみ」という意味でもある。

聞き手の私も芸人だからこそできる、楽屋でのこっそりした話を意識しました。「なぜ芸人になったのか」という〝そもそも論〟もあれば、人によっては売れるためのヒントをどうつかんだのか、きっかけや工夫も聞けるようになりました。この本には「人生を変えたプレゼン」「プレゼンの重要さ」がたくさん集まっています。聞き手も芸人なので、みなさんリラックスしつつ、他では話していないだろうエピソードも打ち明けてくれました。もちろん成功した人の話も大切ですが、現時点では有名でない、売れていない芸人の話も最高に面白かったです。

だって、不思議に思いませんか？

「世の中的にはまだ無名なのに、この人たちは何で毎日楽しそうなのだろう」と。世の中がどんなに暗くても、不景気でもギスギスしても、彼、彼女らは毎日たくましく生き続けています。ここらへん、一般の方々にもヒントになるかもしれません。

記念すべき連載第1回目は「冷蔵庫マン」でした。実は、この人を書きたかったから連載を始めたようなものです。読んでいただければ、その意味が分かると思います。

あなたが芸人でなくても、この本があなたの人生に少しでもお役に立てれば幸いです。

２０１８年5月　プチ鹿島

芸人「幸福」論　◎　目次

第3章　これから売れるぞ芸人たちの闘争

第4章　大御所たちのプレゼン論

第5章　バカ売れしなくてもゴキゲンな人々

取材協力／サンミュージックプロダクション、
SONY MUSIC ARTISTS、
よしもとクリエイティブ・エージェンシー、
オフィス北野、ワハハ本舗、浅井企画、タイタン、
アミーパーク、ケイダッシュステージ、太田プロ、
オスカープロモーション、トップ・カラー、
プロデューサーハウスあ・うん、グレープカンパニー、
フラットファイヴ
撮影／永井浩
テープ起こし／ジャイ子

第1章

ブレイク芸人〝気づき〟の瞬間

メイプル超合金

自分のキャラが濃いと思っていたら
自分を上回るキャラが来た

安藤なつ（写真左・1981年1月31日、東京都出身）、カズレーザー（写真右・1984年7月4日）。2012年結成。『M-1グランプリ2015』で決勝進出を果たし、注目度が急上昇。カズレーザーのシュールなボケと安藤の力強いツッコミが持ち味。最新情報は公式ブログ「http://ameblo.jp/krkara/」をチェック！

CIRCUSMAX2016年4月号取材

2015年に復活した『M-1グランプリ』（テレビ朝日）にトップバッターとして登場したメイプル超合金。130キロの巨体の安藤なつと、全身が赤で金髪のカズレーザー。

初見ファンは経験上、太った安藤がボケだと思って見始めた。すると「赤」のほうがヤバいことに徐々に気づく。

『ちょっと話戻しますけど、僕がまだ駆け出しのプリキュアだった頃は』『コンビニ行くけど、なんかいる？』『ここ、Wi-fi飛んでんなあ』

非常に気になったので、さっそく会いに行った。

M-1から2カ月、彼らのキャラについて尋ねるインタビューは既に多いが、私はそれらでは聞かれていないことに興味があった。あのネタのスタイルだとオーディション（ネタ見せ）でダメ出しが多かったのでは？　という点だ。まとまりがない、つながりがないと言われまくったのではないか？

「それ、一番よく言われました」

カズレーザーは即答した。「僕らのネタはスジがない。〝駆け出しのプリキュア〟とか言いたいワードがあって、ネタを構成していく。何の話なの？　と言われても何かの話をやりたいわけではないんです。そんなに本筋って大事なんですかね。普通の会話でも、テーマってないじゃないですか」。

　スジが通っている答えであった。

　メイプル超合金を初めて見たプロの多くは、巨体の安藤をボケにすることを提案した。しかしカズレーザーは「前のコンビで売れてないということは（太っていることを中心にイジっても）伸びしろはないと思ったんです。なら、太ったツッコミのほうが面白い。太ったほうがボケじゃなかった、というサプライズ。ちゃんとやるわけない（見かけ）というフリが効いているんで、ちゃんとやるだけで面白い」と思った。

　昨年ですらオーディションに落ち続けていたが、プロよりも観客が早く彼らに気づいた。それがM-1だった。

　安藤は、コンビ結成からの3年間をどう思っているのか。

「それまでは自分がネタをつくる側だったので、本当に全部任せていいのかなと。でも3年でスイスイ行ってるように思われますが、カズは何考えてるか分かんないので、近寄っていく作業でとにかく必死だったですね」

　どうやらこのコンビの肝は、キャラに隠れた合理性か。

「コンビを組むまで、ほとんどしゃべったことが無かったんですよ。誘われたときは意表をつかれました。ここがくるかね、と。自分のキャラが濃いと思っていたら、自

分を上回るキャラが来たから。解散のダメージがデカかったときに、気分を塗り替えられた」(安藤)

カズレーザーは、そもそもお笑いに強く憧れていたわけではない。

「家にモンティパイソンのビデオがありましたけど、中学のときに『笑う犬シリーズ』(フジテレビ)に触れたのが最初かも」

同志社大在学時に就活するも「とにかく働きたくなかった」。では、時間あたり給料が一番いい仕事はなんだろう、と調べたら横綱だった。さすがにそれはあきらめ、お笑いならいいかなぁと思ったという。合理的だ。高校の時にM-1が始まり、漫才をじっくり見たことでお笑いの面白さは知りはじめていた。ちなみに大学時代から衣装は赤かったらしい。この世界に入ってからはピンで活動していたが「6年スベり続けていました」。

ピンの時は合理的に考えなかったのかと聞くと「やりたいネタができるだけで嬉しかったんです」。周囲からはこのままでいいのかとよく言われたが「お前は今のままで大丈夫だよと言ってくださったのは(サンミュージックの)ぶっちゃあ師匠でした」。

そんなころ、安藤の解散を知った。では、そろそろネタが成立するためにツッコミを入れてもらおうか。メイプル超合金の誕生だった。

「誰と組もうかなと思っていたら、ちょうどひとり同士だったので」というふたり。最初は「お互いボケなので、それをベースにしたのがいいかなと考えて」ネタは共同制作していたが「一回全部自分に作らせてくれと頼んでみたんです」（カズレーザー）。ネタは喫茶店で耳栓をして、無音な状態で作るという。

「ネタに意味を求めてくる方もいますが、よく分かんないけど面白かったぐらいでよいのでは。漫才の最後に〝ブパパブパパブパパ～〟って意味あんの？ともよく言われますけど〝どうもありがとうございました〟で締めるのも意味がない」

さらに「作品としては、よく練習したものが評価されるのだろうけど『人』が重要では。誰がやっても面白いものはできないから、ヘラヘラしています」。

そういえば博多大吉先生も2014年の『THE　MANZAI』（フジテレビ）で優勝したとき「漫才は人柄（ニン）」、「華丸さんが言うから面白い。華丸さんが言うから笑う。華丸の人柄（ニン）がやっと伝わり始めた」と語っていた。みんな頭では分かっているが最後は「人」なのだ。キャラクター十分のメイプルが「キャラ」という言葉ではなく「人」という表現をしたことに深みを感じた。

淡々としつつ、合理的に見えるカズレーザー。その秘訣のひとつは「緊張はしない」ことだと言う。

「もともとは、緊張はしましたよ。でも芸人になってから緊張は良くないなと思ってやめたんです。え？　緊張しないのは、やれば慣れますよ」（カズレーザー）
「脳みそをコントロールしてるってことですよね。怖い、怖い」（安藤）
「最悪ぶん殴られなければいいなと思うようにしてます」（カズレーザー）
つくり込んだキャラでなく、こんなにマイペースな人も珍しい。誰か影響を受けた人間や芸人はいるのだろうか。
「ないです。好きな芸人がいたとしても、明日からその人になれるわけではないですから。みんなコンプレックスがある。その人のイスは最初から用意されているはず」（カズレーザー）
ネタの為に心がけることは？
「読書はもしかしたら生きているかもしれないですね」。ＳＦが好みだといい、好きな作家をあげてもらうと「グレッグ・イーガン。読むだけで情報量があります。ＳＦの飛び具合が好き」（カズレーザー）
安藤は語る。
「（相方は）多分すべての仕事ができると思うんですよ。無駄がないことができるから。こっちはそれに応えるように、できるようにしないと」。安藤はここまで言うと急に我に返り「あ、恥ずッ！」。普段言わないことを吐露したことに一瞬照れた。それを「いいんだよ、うん」と当然だと言わんばかりにニヤニヤ、いや、ニコニコ見守るカズレーザー。

ふだんのふたりはどんな感じなのか。合理的に舞台上だけの付き合いなのか？　すると「仲がいいです」とふたりから返答が。

「ロケや観光に行ったときにまかれる（姿を消される）ことがあるんです。そういうプチドッキリがよくある。電車でもドアが閉まる寸前に押されて、車内で〝知り合いなんですよ〟と笑顔で言ってるらしい」（安藤）

将来の目標は何か。ここでも若手芸人からは滅多に出ない言葉を聞く。

「文化人になりたいですね。あれ、ゴールじゃないですか。いちばん簡単にお金を稼げる。言ったことが説得力あれば稼げる」

カズレーザーは飄々と語った。優秀な営業マンのプレゼンを聞いているような感覚になった。

「『カンブリア宮殿』とかのMCをやりたいですね」

戦略上、ハッタリをかましているわけではないことは、それなりに芸人を見てきた私が分かる。自然体の発言だった。

安藤によれば、先日クイズ番組で共演した伊集院光さんから「お前の相方完璧だったぞ。クイズの答え方も完璧、芸人としての立ち回りも完璧。あれ、何なんだ?」と驚かれたという。もしかしたら、とんでもないバケモノなのかもしれない。

キャラクターが強すぎると、ともすれば食い合いになる。しかし、話を聞いてみるとメイプル超合金はお互いに対する、絶妙な信頼感と役割分担でガチっと結ばれている。これは強い。まさしく超合金なコンビだと痛感したのである。

追記

このときの取材が、M-1から2カ月後のもの。その後のメイプル超合金の大活躍は説明不要だろう。カズレーザーは、この時点から出演し始めていたクイズ番組だけでなく、バラエティ番組を現在席巻している。一方で、私は安藤なつと共通の友人から「なっちゃんがいかにM-1にかけていたか、芸人人生をかけていたか、聞けばもっと出てくるよ」と教えてもらい、ずっと安藤なつの追加取材をしたいまま、今日を迎えた。いつか、また話を聞きたい。

鳥居みゆき

あと2年好きなことしたら廃人になるかもしれない

3月18日、秋田県生まれ、埼玉県育ち。18歳で養成所に入り、2007年頃よりブレイク。テレビ、舞台などで活躍。企画、構成も手がけた単独ライブも精力的に行っている。http://solid-star.net/shangri-la/

CIRCUSMAX2014年10月号取材

「鳥居みゆきは、あのとき何を考えていたのか？」

私がコンビ活動をしていたころ、鳥居みゆきとはライブでよく一緒だった。私の相方が「パイロットになりたい」と宣言して明るく去っていった時、鳥居みゆきはネット番組をきっかけに人気爆発していた。

あのころ、彼女は何を考えていたのだろう、そして現在は？　久しぶりの再会だ。

「あのころ、鹿島さんも私も好きなことやってて〝売れたい欲〟ってなかったよね。少なくとも私はなかったよ」

でも鳥居は、そのあと売れようと決意したのだという。なぜ？

「単独ライブをやり続けたいと、ずっと思ってたの。願ってたのは、それだけ。でも、お金を注ぎ込めない事情にモヤモヤしてて」

そんなとき、サンミュージックの先輩芸人である髭男爵・山田ルイ53世にヒントをもらった。

「一回、まわり道をすれば？　一番やりたくないことをしろ…って」

今まで嫌いだったことを、あえて取り入れてみた。やったことのないリズムネタ、ショートコント、動きやすい白い衣装、ついでに全く好きではなかったテディベアも抱えた。それは、つまり世間への「分かりやすさ」の提示になった。

「一番嫌いなことをやって結果を出せば〝好きなこと〟もやれる。お金を稼げば単独ライブもやれる。一回、無理しようと思ったの」

　意地もあった。

「私をアングラ、サブカルという言葉でまとめたがる人もいたでしょ？　でも、カルト芸人という言葉に甘んじてはいけない、一回ポップになろうと思ったの」

　自らを商品化、キャラクター化して世間にプレゼンした結果、鳥居みゆきは見事にブレイクした。

　世間が自分に「寄りすぎて」困惑もあった。

「同じネタなのに反応が違う。以前には落ちたオーディションでも絶賛される。人間不信になりますよ」

　キャラが浸透しすぎて「鳥居みゆき＝自由」とオールオッケーで認められてしまうのもイヤだった。

「私の考えたボケに対して、本質ではなく人柄をツッコむのはズルイ。ボケても意味ないのかと思ってしまう」

　今まで最高のツッコミは誰だった？　と聞くと「ベッキーさん」。「私のボケを活かそうとしてくれる。どうぞどうぞと言いながら一緒に歩いてくれる感じ」。出た、べッキー最強論！

今回、私が鳥居に尋ねてみたかったひとつが「死生観」だ。ネタにしろ小説にしろ、その根底に流れているものを是非聞きたかった。

「小学生のころ、哲学者のジッドゥ・クリシュナムルティの本を読んで夢中になったんです。生き死にのことばっか考えてた。ブレイクした時は、いつ死のうかなと思っていた。小島よしおは絶頂時に死ねなかった。死ぬタイミングを逸したと勝手に思ってて」

何で、そこまで。もっと聞いてみた。

「小学生のころ、占い師に35歳までしか生きられないと言われたの。それがずっと頭の隅にある。だから、やりたいことはすぐやるようになった。例えば、しゃべってるときも違う話になったら、あ、そっちしゃべんなきゃという風に」

何だか、分かった気がする。ともすれば鳥居みゆきは「落ち着かない」と思われる人だ。いろんな意味で。しかしそれは狙いやキャラではなく〝タイムリミットがある〟という意識が、彼女をそうさせると考えたら腑に落ちるではないか。

取材時は、あと2年で35歳。「タイムリミット」は迫っている時期だった。

「気がついたら36になってたら、どうしようと思う。そのまま何も起きなければ、何もしたくなるかも。廃人になるのかなぁ。ずっと寝続けるかも」

鳥居みゆきの2年後にも注目だが、今年の9月は「一番嫌いなことをやって、お金を稼げば単独ライブもやれる」という、ブレイクの源になった単独ライブがある。

まずはそこまで生き急げ。

追記

取材時は2015年。あれから3年経った。鳥居みゆきは、見事に生きている。
廃人どころか女優としても舞台、ドラマ『陸王』（TBS）、映画『全員死刑』など
で実力を発揮。ミュージックビデオの監督を務めたり、ついでに埼玉県行田市の観光
大使に就任したり、渋谷の一日消防署長をやったり。
35歳を超えたら、ますます元気。

ハリウッドザコシショウ

裸でネタをやるのは体のフォルムを大切にしたいから

1974年2月13日、静岡県出身。破壊力抜群のものまねネタで『R-1ぐらんぷり2016』優勝。DVD『ハリウッドザコシショウのものまね100連発ライブ！』（アニプレックス）他、絶賛発売中。最新情報は公式ブログ（http://ameblo.jp/hollywood-zakoshisyoh/）、ツイッター（@zakoshisyoh）をチェック！

CIRCUSMAX2016年8月号取材

２０１６年、人生を変えたといえばこの人だろう。『R-1ぐらんぷり２０１６』（フジテレビ）を圧勝した、ハリウッドザコシショウ。アンダーグラウンドの実力者がメジャー大会の優勝をかっさらった風景に、お笑いファンは歓喜した。

「２０１５年は３回戦で落ちたんですけど、スゴいウケてて反応もよかった。SNSでも『一番ウケてたザコシが落ちた』という感想が多くて。じゃあ、落ちるのは何か理由があるはずだ、来年は戦略を立てて臨もうと決めたんです」

最初に耳をかたむけたのは、後輩の声だった。

「僕が裸でネタやるのは、安易な笑いを取りにいってるんじゃなくて、体のフォルムを大切にしたいだけなんです。おかしみが出るから。で、後輩が『白いブリーフだと、女性客の目のやり場がないのでは？』と言うんで、黒のパンツに変えました」

次に目をつけたのが、ネット戦略。

「とにかく明るい安村や厚切りジェイソンに負けないためには、知名度アップが必要。だから、使えるメディアは何でも使おうと決めた。ツイッターでドラクエものまねを発信したら、拡散し始めたんですよ」

当時、水道メーター検針のバイト中に携帯が騒がしくなった。ツイッターからの通知音だった。

「有吉（弘行）君や宮迫（博之）さん、しょこたん（中川翔子）らがリツイートしてくれて9千リツイートまでいったこともあった。全然知名度ない人間が、著名人に話題にされるSNSの不思議。威力はスゴいなと思いましたね」

黒パンツとSNS。すべては『R-1ぐらんぷり』の予選会場で「自分を知らないという空気にしないため」という準備だった。

そしてあの「誇張ものまね」である。「昔からものまね何十連発っていうネタは評判良かった。マニアックな対象でこれだけいけるなら、有名人を誇張してやったらもっとウケるのでは？　と気づいて。それが3年くらい前」

ネタの見せ方も変えた。

「以前は、古畑任三郎のものまねは曲をいきなり流して登場して〝ハンマーカンマー〟と言っていたんです。でも、それだとマニアにしかウケない。だからフリップに『誇張しすぎた古畑任三郎』って書いて、ワンクッション置いたんです。突然のギャグでなく、ものまねを懸命にやってる形にした。そしたらウケ方が変わりましたね」

3分のネタ時間なら、ものまねを8個入れる。「これだと『誇張したキンタロー』が通じなくても、次の『誇張した森進一』で巻き返すことができる。ウケる確率が高くなる。今までやってきたネタが、すべて使える。コンビ時代のモノすらね。完全なリサイクルですよ。だから、ネタが2兆個あるというのも、あながちウソじゃない(笑)。ものまねというカテゴリーを利用した漫談なんです」

重要なポイントは「客への寄せ方」だという。

「客に媚びるのではなく〝寄せる〟。お客さんを、僕の目線に寄せるんです。見せ方を工夫したら反応が変わった」

これらの変革やSNS戦略が実を結んで、『R-1ぐらんぷり』決勝でも大爆発した。

「それまで『あらびき団』(TBS)にコンスタントに出演させてもらったのになかなか…。〝ザコシはハネる(大ウケする)のに売れない〟という、他の芸人の印象を打破したかったんです。ずっと目をかけてくださった東野幸治さんや、ピエール瀧さんに『ここまで来ました』と早くお礼も言いたかった。ザコシが売れないのなら、これでいいやと甘く思う後輩もいたんですよ。右往左往したことはありましたが、売れなくていいやと思ったことは一度もない。競争ですから」

優勝して同期(ケンドーコバヤシ、陣内智則ら)と番組で絡めるようになった。

「テレビに出たあと、エゴサーチするのが好きなんです。こないだ『ザコシ笑えるくらい面白くない』って。いやお前、笑ってんじゃないか!」

無関心が一番怖いからありがたい、とポツリと語った。

「反応があったほうがいい、ゴキブリと一緒ですよ」

雌伏の時の思いが想像できた言葉だった。

追記

「優勝してから各番組を一周まわるとき、すごい苦労した」とも語ってくれました。「朝の情報番組でネタやったら空気が違うので、控えめで周りに合わせてしまった。フラストレーションたまりましたね」

そんなとき、カンニング竹山さんにネット番組で相談したら「それはザコシが呼ばれてるんだから好きにやればいいんだよ。遠慮することはない」という答えが。

「僕が思う200％のことをやれ、という竹山さんのアドバイスが効きましたね」

先輩方からは、いろいろなアドバイスを貰った。

「『お笑い向上委員会』（フジテレビ）のメイク室で宮迫さんに「今日はどうやっていくの？」と聞かれ「やりますよ！」と答えたら「ホリケンさんとかいるけど、遠慮しなくてもいい。ケンカするつもりでいけ」と。それを聞くまではブレてました。悩みました、優勝してからも。すべったって折れる必要はない、それが仕事ですから」

まさにバラエティの現場でしか味わえない経験も、たっぷり話してくれました。

どぶろっく

漫才が本筋で、歌ネタは飛び道具だと思ってて…

森慎太郎（写真左・1978年10月7日生まれ）と江口直人（写真右・1978年4月4日生まれ）の二人組。ともに佐賀県出身。2004年10月結成。CDアルバム2枚『もしかしてだけど、アルバム』、『もしかしてだけど、バンドアルバム』（共にテイチク）も絶賛発売中。http://ameblo.jp/yesdoburock/

CIRCUSMAX2015年4月号取材

今回彼らに聞きたかったのは、ただ一点。

「歌ネタにしぼった経緯。その腹のくくり方」についてだ。

2008年に『あらびき団』（TBS）に登場、その徹底したシモネタは好事家はもちろん、芸人をも笑わせた。

しかし芸人はズルい。「ここまでシモネタなら、大衆的には売れないだろう」という「安心感」があってこそのウケ方でもあったと思う。しかし今、どぶろっくは見事に売れた。それはシモネタを抑えたからか？　曲や歌詞が良かったからか？

「王道の漫才や、コントで売れたいと思っていました。『あらびき団』でエロいネタがウケても、それで売れるとは思ってなかった」とふたりは語る。

歌ネタ誕生のきっかけは「暇つぶし」。『あらびき団』オーディションの待ち時間に、公園でデートしている男女を見たときの〝屈折〟をネタにした。これを、ついでにネタ見せでやったら採用された。

「わざわざエロい歌だけを歌いにくるヤツら、というおかしみを番組側がパッケージしてくれたんです」（森）

「飛び道具」でテレビに出てウケたからこそ、漫才やコントがちゃんとできるふたりの葛藤はしばらく続いた。

転機は『M-1グランプリ2010』だった。同じく歌ネタが十八番のダブルネームと一緒になった時に「なんで、歌ネタやらないの？　俺ら、歌ってナンボでしょ。会場盛り上げようよ」と言われた。しかし、どぶろっくは漫才をやって敗れた。

「落ち込みましたね。ウケなかったからではなく、自分たちらしさを出せなかったから。みんなキャラがスゴくて、ネタも面白い。自分たちしかできないネタをやっている。自分らが、いかに薄っぺらいか痛感してショックだった」（江口）

とはいえ、あきらめきれずにまだ漫才を続けた。

「当時の自分たちには、ふたつの姿があったんです。他のライブに呼ばれたときはオーダーに応えて歌ネタをやったけど、ホームではとにかく漫才。まだこだわりがあった」（森）

「よく分からないコンビだったと思う。ライブでは歌わないし、かといって漫才の定番ネタもないから」（江口）

さまようふたり。M-1の衝撃から1年、2011年の年末、ついにふたりは話し合いを持つ。「来年いいかげん勝負かけてみよう。歌ネタだけでやってみよう」。

今までは「いかにエロいか」だけが大切だった。しかしこれからは、漫才的な方法論で歌も作れないかと考えた。

そこで取り入れたのが「短くフッて、オチにいける」「繰り返しの覚えやすいワードを入れる」という手法だ。「もしかしてだけど～」はこうして誕生した。

2012年から舞台にかけてみると「初めてやった時から、お客さんが前のめりになってる空気が伝わってきたんです。今までとウケてる質が違った」（森）

「これで、やっと上の人たちと戦えると思いましたね」（江口）

その後も、ネタを改良していく。森はギターを持った。『ごきげんよう』（フジテレビ）のオープニングに出演していた時にスタッフから「絵が落ち着きすぎている。ギターを持ってみようか」とアドバイスされたのだ。

一方の江口は、性欲がにじみ出てるキャラを活かすしかないと考え、衣装も変えた。最後には派手にポーズを決めた。

「お笑いを始めた当初は引いた感じのボケで、センスで勝負！　と思っていたのに、もう言い訳できないとこまで追い込んだ」と江口は笑う。

「2011年までは〝歌〟をやっていた。2012年からは〝ネタ〟をやっています」と、どぶろっくはハッキリと語った。

その後はテレビでの露出も増え、2013年、雑誌のアンケートで「中学生が好きな芸人部門1位」を獲得した。

今回、話を聞いてみて、単に歌詞や曲を変えたからブレイクしたわけではないことが分かった。

やはり「腹をくくる」という一大決心があったのだ。

「インタビューで、こんなこと語ったの初めてですね。あらためて当時の葛藤を思い出しました」

ふたりの「いい歌」を聞くことができた。

追記

つくり込んだスケベな「ネタ」は現在も絶好調。

U字工事

自分たちがナマッてるとは思ってなかったんですよね

福田薫（写真左・1978年5月12日生まれ。ツッコミ）と益子卓郎（写真右・1978年6月16日生まれ。ボケ）の二人組。ともに栃木県出身。高校在学中よりコンビを組み、2000年デビュー。数多くのバラエティ番組に出演。テレビ、ラジオだけでなく、浅草東洋館などでも活動。http://ammypark.co.jp/uk

CIRCUSMAX2015年2月号取材

今ではすっかりおなじみとなった超実力派の漫才コンビ。どこへ行っても爆笑。寄席で漫才をやっていると「あのじいちゃん、笑いすぎて死ぬんじゃねーか、大丈夫かと思ってしまうこともあります、ハイ」と益子は笑顔で言う。ちなみに益子は「ごめんねごめんね〜！」のほう。

ふたりの出会いから、聞いてみた。

福田薫と益子卓郎は、高校生の時から友達の前で漫才をやっていた。福田がラグビー部で暇つぶしにやっていたら楽しくなり、教室でも順々に相方を代え、益子にたどり着いた。

友人が毎日、黒板に適当なコンビ名を書いてくれた。ある日、また思いつきで書いてくれたのが「U字工事」。

「だから、コンビ名にはホント意味とか由来とかないんです。その日の友人の気分だったんです」(益子)

本人たちもノリのまま、素人でも参加できるテレビ番組に出た。そして同じ大学に進学。

「がっつりと将来は決めていなかったですけど、何となく漫才師になりたいなぁと」(福田)

栃木から東京に出た大学生ふたりは、さっそくお笑いライブで腕試しを始める。そのひとつが、浅草キッド主催の「浅草お兄さん会」。

私、プチ鹿島も、そのときの情景は覚えている。お笑いをやりたいけど、なかなか腰が重くて一歩を踏み出せなかった高齢デビュー組が多かったなか、まだ10代で東京のこともよく分からない「本当の若手」のU字工事は可愛い、可愛い、とマスコット的な存在となった。

大学卒業後の2000年、現在の事務所に所属した。そして『M-1グランプリ』では2003年から2007年にかけて、5年連続で準決勝進出。2008年には、初の決勝進出を果たす。

決勝進出までには、どういう変化があったのか？

「『虎の門』という番組に出ていた縁もあって、テレビ朝日の藤井智久さんにネタを見て頂いたんです。そしたら、もっと栃木ネタを強調した方がいいとアドバイスをもらいまして」（福田）

「『爆笑レッドカーペット』（フジテレビ）にも出始めの頃で、1、2分の栃木ネタを量産しました。それが効果的だったんです」（益子）

手ごたえがあるネタはライブで繰り返し試し、余計な部分を削った。

「今から考えると、その時々のネタ番組に出られたのがラッキーでした。普通は『オンバト』とかで連敗すると、絶望的になって辞めちゃうコンビもいるんですが、僕らはちょいちょいテレビに出られて、へこんでいる期間もあまりなかった」（福田）

そのオンバトでは、3連敗のあと20連勝。「ちょっとだけの田舎ネタ」から「栃木ネタ」を増やし、衣装も若手では珍しいスーツに変えた。

「ピンクのタオルとか頭に巻いたり、半ズボンで田舎少年のイメージを出していたのですが、これじゃ60歳までできないだろと思ってスーツにしたんです」（福田・益子）

U字工事は、テレビに出続けながらマイナーチェンジをしていった、稀有な若手コンビかもしれない。

洒落たTシャツ姿のコンビが多いなか、「スーツ」で「栃木訛り」のU字工事は異色だった。

「全国へ行って分かったんですけど、スーツ姿で僕らを覚えてくれた人が多いんですよ。スーツも込みで「顔」なんだなと、ここ1、2年で気づきました」（益子）

若手で駆け出しのころは、周囲には異色に見えたU字工事だが、スーツを着て訛りで漫才をするなんて、よく考えてみれば正統派だ。実は、王道を歩んでいただけかもしれない。

あのころはスーツ姿を「寄席か！」と仲間の芸人にツッコまれていたふたりだが、今は実際に寄席に出ている。どこでも笑いを取れる芸人になった。

そういえば、「ごめんねごめんね～！」という「おなじみギャグを持っている」というのも超正統派コンビの証明だ。やっと、キャリアがキャラに追いついてきたというべきか。

何か、これからやってみたいことある？　と聞いたみたら「デヘへ。ただ頑張ります」と益子はニヤニヤしながら答えた。それをニコニコ見守る福田。

ホッとする可愛さは、初めて出会ったあのころと変わっていなかった。

追記

テレビでの愛されっぷりも勿論、２０１７年11月には漫才協会の第28代真打ちとなり、昇進披露が盛大におこなわれた。

第2章

一発カッ飛ばしたら、こうなった

日本エレキテル連合

ホメられたりすると「終わりの始まり」が始まったって思うんです

中野聡子（写真右・1983年11月12日、愛媛県出身）と橋本小雪（写真左・1984年11月13日、兵庫県出身）のコンビ。現在も毎年、様々なキャラクターの登場するコントでの単独公演で全国ツアーを行い、DVDとして作品化。リリース本数は8本にも及ぶ。Youtubeチャンネル登録数は14万人を超えている。「感電パラレル」http://www.youtube.com/ElekitelDenki

CIRCUSMAX2014年4月号取材

「ダメよ〜、ダメダメ」

え、何が起きている？

2014年の元旦（正式には大晦日から明けたばかりの深夜）、『ぐるナイおもしろ荘』（日本テレビ）でハッピーニューイヤー！　気分の茶の間の度肝を抜いた。おっさんが白塗りの女性を口説いている。女は「ダメよ〜、ダメダメ」と繰り返す。間もあったり逡巡も見える。イケるのか、おっさん？　しかし、それは「おしゃべりワイフ　未亡人朱美ちゃん3号」が壊れていたのだ…。

日本エレキテル連合は中野聡子と橋本小雪のコンビ。「おしゃべりワイフ」のネタでは「おっさん」が中野、「白塗りの朱美ちゃん」が橋本だ。

エレキテルは息を呑ませる求心力があるかと思えば、バカバカしい解放感もある。どのネタも静かに狂っている。いったいどんなバックボーンがあるのだろう。

中野は短大卒業後に就職したが、すぐさま「上司に殺意が芽生え」退職。引きこもり生活中、頭の中で好きな人を挙げてみたら志村けん、ビートたけし、爆笑問題だった。中野は松竹のお笑い養成所の門を叩く。

「社会に適合してない人が活躍できる世界なんて、最高じゃないですか」

養成所で出会った橋本に対する印象は「お笑いを片手間にやっている。将来は結婚したいと明るく口にしてるので、私に近づくなと思っていた」。そんな橋本が、屈託なくコンビを組もうと言ってきた。よく見たら「人間性は良さそうなので」中野は組むことにした。２００８年のことだ。

ネタは中野が作り、演出する。

「教育に近いです。作品として橋本を作っている気持ちです。まだ（橋本の）我があるから私が抜いていきます」

日本エレキテル連合のネタは衣装やメイクを駆使し、登場人物へのこだわりがある。小道具を買いすぎて借金が膨らみ、大阪で芸人を辞めざるをえなかったほどだ。

「変身願望があるんです。普通の青春を送って地味だったので」（中野）

しかし変身したい対象は「そのへんの哀愁漂うおじさん」。やはりヘンだ。

借金返済後にふたりで上京して芸能事務所「タイタン」に入った。憧れの爆笑問題と同じ事務所に入りたかった。

いっぽうで「志村けん」の影響が今も大きいことも分かる。人間のおかしみや哀しみを過剰なディテールで身を包み、表現する。彼女たちは無意識だろうが、男好きする笑いでもある。そして何より「子供」もエレキテルが好きだ。

考えてみてほしい。「ダメよ～、ダメダメ」のあのフレーズは、ドリフが今も現役なら志村けんさんが毎週使っていそうなギャグだ。子供がマネをして、親が苦い顔をしそうなギャグ。どこか、そんな懐かしい風景が現代に甦ったとも言えまいか？

ふたりに将来の夢を尋ねると「テレビの場でコントをやっていきたいです」。

今、「コント師」が世に認知されたなら、次のステップは分かりやすくいえばふたつだろう。トーク・バラエティに進出するか、もしくは舞台をホームにして超然と活動するか。

しかし中野は「テレビのコントで育ったので、テレビでやりたい」と言う。そういう状況がなければ「ジャンルを作るしかない」。健全すぎるほど健全ではないか。

「私たちのネタは、シュールでもなんでもない」と言う。話を聞いてみて、確かにそう思った。彼女たちの軸足は確実に世間に、世俗に、置かれているからだ。

何かに似てると思ったら、それはやはりドリフの笑いであり、志村けんさんの追求してきた道でもある。

ふたりは上京以来、しばらく同居していたが、２０１６年に別居をしている。中野は「（橋本に）早く結婚してほしい。結婚後は私を一緒に住まわせる、という条件をつけてます」と語る。

面白いことに、舞台では一切の操縦は中野がやるが、同居時代の中野は家事が何もできなくて、全てを橋本に頼っていたという。現実生活では関係性が逆転するのだ。

エレキテルと話していると、中野にはストイックさを感じた。どこでガス抜きしているのだろうと漠然と感じていたのだが、実生活の様子を聞いてなんだか安心した。

最後に「おしゃべりワイフ　未亡人朱美ちゃん3号」のネタは何がヒントだったか聞いてみた。

「ジジイが中年のおばさんを口説いていたんです。女の人は感情がなくて、ホント人形みたいで。私たち、ジジイがちゃんと口説けるかどうか、ハラハラしてずっと粘って見ていたんです…東村山のジョナサンで」

東村山……。やっぱり志村けん！

追記

この取材は『ぐるナイおもしろ荘』優勝から2カ月後の２０１４年2月におこなった。そこからの超ブレイクはご存知の通り。「２０１４年新語・流行語大賞」年間大賞、「yahoo 検索大賞」お笑い芸人部門、第15回ビートたけしのエンターテインメント賞日本芸能賞」などを受賞。現在もコント師として、また YouTube などでも精力的に活動している。

かもめんたる

コントと漫才とテレビのバラエティーっていうのは全部違う競技なんですよ

岩崎う大（写真右・1978年9月18日、東京都出身）と槙尾ユウスケ（写真左・1980年12月5日、広島県出身）。07年結成。10年にかもめんたると改名。『キングオブコント2013』で優勝。http://www.sunmusic.org/profile/kamomental.html

CIRCUSMAX2014年6月号取材

『キングオブコント2014』（TBS）で優勝したのはシソンヌ。前年の王者として登場したのが、かもめんたる。

『キングオブコント2013』。岩崎う大と槙尾ユウスケのコンビ・かもめんたるは、2ndステージで歴代最高得点を叩き出す圧倒的な強さだった。翌日から世界が一変した。ネタで完璧に笑いをとったコント師に、バラエティ番組からオファーが次々と。それは、まったく新しい競技に出ている感覚だった。

「僕らは、ひな壇でワーッと切り込んでいけるタイプではないんです。盛り上げ役をできるタイプでは…」（槙尾ユウスケ）

「人間力とか破天荒さとか、ないんですよ。むしろ、それをネタに生きていたんです。だから、バラエティには恥じらいしかない。キャラを入れてない時のボケの軸はないんだと。素の部分だと軽いボケしか出てなくて。ラッキーパンチも出ないし、これはちょっと向いてないなと（苦笑）」（岩崎う大）

視聴者からは「ハマってる、ハマってない」とすぐに判断されてしまう時代。それは、かもめんたるのふたりを悩ませた。

「1月にスゴいヒマになったときがあって。流れは終わったのかなぁ、バラエティ番組を一周もしてないなぁ…とあのころは思いました。でもコントの神様から〝お前はコントを作っていく人間なんだから、バラエティにハマることにはしないいんだ〟と言われてると思ったら気が楽になった。それで辛い時期は抜けましたね」（岩崎）
「そうなんです、それからの岩崎は以前より、むしろ現場で笑いを取ってます」と槙尾は証言する。

その槙尾も、趣味の女装で最近はバラエティに出ている。優勝して、まだ1年足らずなのに早くもキャラを追加した。これは当初の予定どおりだったのか？
「最初の僕らのプランでは1年間はオーソドックスにいこうと。そのあと、槙尾は女装もできますと披露する予定だったんですよ」（岩崎）

しかし番組の事前アンケートでのエピソードが地味すぎ、他に何かないかとスタッフに必ず聞かれた。「なし崩し的に女装を解禁せざるを得なかった」と槙尾は笑う。

そのあと少し、しみじみしながら語った。
「今はもう、賞レースで優勝したという〝冠〟感がないんですよ。僕らのキャラとかボケを知ってると思って現場に行くと、知られてない場合も多い。そうなると女装とか新しいキャラを出していくしかない」

今までは、破天荒でない自分たちだからこそ発想できるネタで勝負してきた。だけどバラエティ出演時は、その普通っぽさがジレンマになった。

でも、テレビは大切にしたいという。

「僕自身、お笑いやってなかったらライブには行かないと思うんですよ。どうしたってお笑いライブには来ない人たちは絶対いる。その人たちは、別にお笑いのセンスがないわけではない。そんな人が仕事が終わって家に帰って、何となくテレビをつけたら僕たちが出ているかもしれない。そこで面白いなと思ってもらえたら、それはテレビの力です」(岩崎)

全国でライブをやるのは、自分のお笑いを理解してくれる人に届けたいと思っているから。しかし、それだけでは届かない層が絶対にいる。むしろ、そこに届けたい。種を撒いておきたい。自分たちが将来にやりたいことを考えたら、バラエティに出るのは必要だと改めて気づいたのだ。

「理想としてはお笑いが細分化されてほしい。レンタルビデオ店でも〝お笑い〟だけではなく『明るいコント』『暗いコント』みたいな」(槙尾)

彼らに小島よしおのことを聞いてみた。かつて5人組「WAGE」で一緒に過ごした仲間だ。戦友・小島よしおを見て、バラエティでの振る舞い方のヒントはある?

ふたりは語る。

「あいつの本性は分からない部分がありまして。昔から知ってる身としては、今のあいつは何かを勘違いしたままやってるんじゃないかと。何かのスイッチが入ってるままなんじゃないかと」

気持ちよく勘違い。もしかしたら、それが気持ちよくテレビで売れる秘訣のひとつなのかもしれない。

でも、かもめんたるは勘違いできない自分たちであることを正直に語れる。こういう開き直りは新しい。女装についても真面目に語る。それってやっぱり普通ではないと思う。ヘンだ。達観した姿にはおかしみが沸きつつある。

コントはもちろんだが、バラエティでのかもめんたるに、さらに注目していこう。

追記

この取材時は、まだテレビでの立ち位置に試行錯誤していた感じであった。そこから、やはり自分たちが生き生きとできる舞台を大切にしたようだ。２０１５年には「劇団かもめんたる」を始動。２０１８年１月には第５回公演を上演した。

コウメ太夫

小学生のころからマイケル好きで
今でも、やってることは
子供時代と変わらないんです

1972年4月20日、東京都出身。1995年から梅沢富美男劇団に所属。1997年よりお笑いに転身、2000年頃はコンビとして活動していた。2005年に『エンタの神様』で大ブレイク。2009年に芸名をコウメ太夫に改名。テレビ、ラジオなどで活躍中。公式ブログ→http://ameblo.jp/koume-dayu/

CIRCUSMAX2014年8月号取材

コウメ太夫（2009年に小梅太夫から改名）と聞くと、あの女形のキャラをすぐさま思い出すだろう。『エンタの神様』（日本テレビ）で一世を風靡したコウメは、とにかくインパクトが強かった。

今回聞きたかったのは、あのキャラの成り立ちだ。何か戦略があったのだろうか？結論から言うと、とにかく偶然の産物だった。子供のころからマイケル・ジャクソンが大好きで、友達の家で見た『スリラー』の映像に感動した。歌って踊ることが大好きな少年だった。

「洋楽が大好きで、〝和〟はキライだったんです」

少年は「14歳のとき、ジャニーズ事務所のオーディションに応募したんです。歌って踊る人生には、ピッタリだと思って」。半年たっても返事が来ないのは何かの手違いだと思い、何と直接事務所を訪ねた。

「まさか、落ちていたなんて……」

それから何年も、歌って踊れるオーディションを片っ端から受けまくった。その結果、梅沢富美男劇団に合格する。〝洋〟ではなく〝和〟だった。女形に化粧する先輩たちを見て、初日で辞めようと思った。しばらく頑張ったが、お笑いをやりたいという目標ができたので2年で退団した。

お笑い界に入っても、オーディションに受からない日々が続く。結局、フリーの期間が7年。

しかし今の事務所に入ってから『エンタの神様』の話が来た。人生は不思議。あれだけ〝和〟がキライだったのに、あれだけオーディションに落ちていたのに、女形のキャラ〝小梅太夫〟で、すぐテレビに出ることになった。

『エンタの神様』は、人気芸人のネタでも番組仕様に変えることが多い。あれだけ強烈なネタには、どこまで番組の演出があったのだろう。

「そんなに変えたとは思っていないんです。決めゼリフがバカヤローとか数種類あったのが、〝チキショー！〟に統一されたぐらい」

『エンタ』でブレイクした芸人ならではの経験もする。それは世間の「タイムラグ」だ。マネージャーの平井氏いわく「雑誌の〝嫌いな芸人〟アンケートとかに、エンタに出演直後の2006年頃には載ると思っていたんです。ところが初めて載ったのが2011年。1億人に届くには5年ぐらいかかるんだなぁと」。

コウメは、次のキャラとして2007年からマイケル・ジャクソンをモチーフにした〝ジャクソン太夫〟をやりはじめた。ムーンウォーク世界大会で準優勝し、ネットでも話題となったのが2013年の夏。

少年時代からマイケルが大好きだった男が、巡り巡って42歳の年にいちばん好きなことをやっている。歌って踊っている。平井氏が、コウメの素顔を教えてくれた。

「芸人って、戦略立てて動くタイプと、周りの意見を取り入れながら動いていくタイプがある。センスはあっても頭のカタい芸人は、時代のほうから当たってこなければ売れないんです。コウメはいろんな人の話を聞いてネタを試し、判断する能力があった。『エンタ』でも、スタッフのアドバイスをよく聞いていた。柔軟さって大切なんだと思います」

そのコウメ分析に対し、当の本人はキョトンとしていた。

人の話をよく聞くだけでなく、コウメには恐らく〝言いやすいオーラ〟が伴っているのだろう。先輩だけでなく、後輩からもスタッフからも、よい意味でイジられやすいのだろう。神輿に担ぎやすいのだろう。

人柄も、芸に反映されていると思えてきた。

コウメは現在、アパート経営もしている。家賃という手堅い収入がある。アパート経営なんていう発想がよくありましたね、と聞くと「マネージャーの実家が不動産関係なんです。いろいろアドバイスされまして」。

コウメ太夫はここでも人の話を聞き、判断する能力があった…ということになる。

追記

ツイッターで「#まいにちチクショー」というハッシュタグを付け、毎日ネタツイートをしているのが話題になったり、女子プロレスラーとの破局が好事家に注目されてみたり。

何だかんだで、現在も活躍中。

ねづっち

売れるのも大事だけど
食えることも大事

1975年、東京都出身。1997年芸人デビュー。2010年、即興なぞかけでブレイク。「整いました！」は同年の「新語・流行語大賞」でTOP10入り。2011年よりソロライブ「ねづっちのイロイロしてみる60分」を毎月開催。寄席を始め、テレビ、ラジオ、YouTubeなどで精力的に活動中。最新情報は、ツイッター（@nezutoshi）まで。

CIRCUSMAX2016年10月号取材

漫才コンビ・Wコロンの解散が発表されたとき（2015年）、お笑いファンに衝撃が走った。売れたコンビが解散するのは切ない。

しかし、先日ピンになった「ねづっち」の舞台を見たら、これがまぁウケていたのだ。何よりも本人が楽しそうにやっていた。一体どんな変化があったのだろう。さっそく会いに行った。

「テレビに出て、顔を覚えてもらえるようになったのは2010年。きっかけは『アメトーーク！』（テレビ朝日）でした。「町工場芸人」に出演後すぐ「交渉人 THE MOVIE芸人」に呼ばれたんです。米倉涼子さんの前でなぞかけがウケて、司会の宮迫さんが「今年来る」と言ってくださって。そしたら翌日からの予定が全部埋まったんです。雨上がりさんのおかげなんですよ」

それにしても、今の時代に「なぞかけ」で、よくぞ。

「ウマいこと言って落とすという芸風は、女性客が多い若手ライブだとウケないことがありました。でも浅草の演芸場でやると年配のお客さんに絶大にウケるんですね。なんとかこれを活かせないかと」

若手ライブではツッコミのバリエーションを増やした。

「なぞかけがウケなくても、ツッコミで笑いを取れるように見せ方を変えたんです」

その結果、浅草と若手ライブの溝がだんだん埋まってきた。「浅草芸人」というキャラクターもついた。

そもそも浅草にこだわった理由とは？

「これからは高齢化社会。売れるのも大事だけど、食えることも大事。これだけウケるのだから、大事にしていこうと決めたんです」

浅草の舞台に立ち始めたのは、2000年代初め。当時、所属していたサンミュージックのぶっちゃあさんに「毎日舞台に立てるトコないですか？」と相談したら、漫才協会を紹介してもらった。当時の若手では珍しかった。

「浅草や漫才協会って、どうしても古いイメージがあると思うんですけど、ナイツが売れてくれたのが大きかったですね」

ナイツは売れるだけでなく「浅草には、あなたの知らない大師匠たちがいる」と、世間に対して絶妙な〝通訳〟の役割も果たした。ナイツの偉大な功績のひとつである。

ねづっちとなぞかけの出会いも、浅草の演芸場だった。落語家がやっていたなぞかけを見て、憧れたのがきっかけ。それ以降、楽屋でナイツ・土屋、U字工事・福田らとなぞかけをよくやった。

「実はコージー冨田さんが、なぞかけが大好きだったんですよ。コージーさんと飲むと、一晩中なぞかけ大会なんです。朝8時までやって〝この後、ロイホで続けない？〟っていうくらい」

芸能界には、なぞかけ一派が存在したのである。

今までお客さんからもらったお題で、印象深いものを尋ねてみた。

「酔っぱらったおじさんから〝このあとキャバクラ行くんだけど、○○ちゃん、××ちゃん、ユリちゃん、お持ち帰りするなら誰がいい？〟っていう無茶苦茶なお題がありましたね。〝求婚（球根）ならユリ（百合）がいい〟って答えましたけど」

コンビ解散のあと、ピンになってむしろパワーアップしてる理由を聞いてみた。

「ひと言でいうならストレスがなくなったことです。舞台でウケたウケないより、すべて自己責任で自分が好きなネタを試せる。それが嬉しい」と語るねづっち。毎日ネタ動画もアップしている。今後は師匠方を見習い、歳を重ねるごとに味わいが出る芸が目標と語る。

「究極は、80歳ぐらいになって即興でお題もらって、5分10分かかって『おせーよ』とお客にツッコまれるおじいちゃんになりたい」

若手ライブだけに出るのが当たり前のなかで、浅草や漫才協会に行くことは当時は珍奇に思われたが、本来はそれが芸人としての王道と周囲も気づくようになってから、ねづっちの楽しさは増すばかりなのだろう。

「いや、ほんと嬉しいですよ、今」

なぜ解散後の今のほうが充実しているのか？　という、ねづっちの「なぞかけ」は解けたのである。

整いました。

追記

今日もねづっちは浅草や全国で勢力的になぞかけ。帰宅後は奥さんとのホッピーを楽しんでいます。

中山功太

マンションの家賃が払えないし、人生で初めて全然食えない時期がありましたね

1980年6月24日、大阪府出身。大阪NSC22期生。2009年『R-1ぐらんぷり』優勝者。いくつかのコンビ活動を経て、2002年に単独デビュー。ピン芸人として活躍。実家は大金持ちだったが、倒産した。一時「コウタ・シャイニング」の芸名を使用したが、現在は本名に戻った。http://nakayama.laff.jp/blog/

CIRCUSMAX2013年12月取材

『R-1ぐらんぷり2009』（フジテレビ）で優勝し、てっぺんに行ったはずの中山功太。優勝以降の彼に何があったのか。

「コンビ解散して、間をあけるのがイヤだったのでピン芸人になっただけなんです。ピンを続けながら相方を探し続けていました」

そんな中山だったがR-1で脚光を浴び2009年に優勝。東京進出と誰もが思ったが、地元大阪で2年間の帯番組を担当していた。

「契約があって動けなかったんです」

その結果、全国から来た100本以上のオファーを断らざるを得なかった。

では、大阪での番組ではどうだったのか。朝の情報番組にネタを作りこんでいったら「朝からそんなボケいらんて言われまして」。トークで挽回しようと喋りまくったら「あいつはヘンだと言われはじめて」。

ピンで異彩を放つ人たちは自分の世界に没頭し、決して社交的ではないタイプが多い。そういう職人気質の人がチームプレイを求められるバラエティに出てくると「へんないきもの」感がある。

中山功太は「地続き」という言葉を使った。

「たとえば、ブラマヨさんはトークのように漫才が面白いですし、漫才もトークのように面白い。それは地続きのスゴさだと思うんです。チームプレイとかコンビとかピンとか関係なく。自分には、その地続きがない」

でも「ネタだけ作りこむタイプ」だけではダメなのだろうか。たとえばイッセー尾形には誰も「地続き」を求めないが、今は皆、同じ価値を求められる。

2010年春、中山功太は東京へ来た。R-1を優勝して1年後。五反田の高級マンションに住むが、すぐに家賃が払えなくなった。その時点で仕事のオファーは、すでに少なかったという。「仕事を選んだことがないのに選んでると言われるんです」。なぜだか世間がなつかない。まさに「へんないきもの」感。

2012年の「引退事件」について聞いてみた。

「トークライブで尊敬する先輩が大喜利やろうと言ってくださったので、嬉しくて。真剣にお迎えしたかったので、負ければ芸人引退と提案したんです」。

もちろん勝つつもりだったが「人生で初めてくらい食えなくなった時期なので、死に場所としてもいいかなとも思った」という。そして負けた。

「(約束なので)芸人辞めようと会社に相談したんです。そしたら名前を変えてタレントになったらどうかと」

しかし「僕はネタを演じているのが何よりも好き」という根っからの芸人にとって、

タレント転向はまさに「地獄でした」。

しばらくは「コウタ・シャイニング」を名乗っていた。東京進出してからはアルバイトを週5日でしているとの噂もあった。

そんななか、2013年7月『アウト×デラックス』（フジテレビ）に出演したら「元の名前に戻したほうがいいよ、と皆さん言ってくださって」。そしてまた「中山功太」に戻った。先輩やファンも喜んでくれた。

「ネタは今がいちばん作ってます。芸人一回辞めたつもりで向き合ったのは、やはりネタでした。今のほうがポップですよ」

その一方で「気づいたんですよ。変態すぎるネタだと逆にテレビで使えるようになるって」。

変態という言葉を使ったが、中山功太はやはり「へんないきもの」だと思う。ここ数年の彼を、迷走と世間は呼んだ。しかし迷走ではなく中山功太は「変態」を撒き散らかしていたのではないか？

今回「R-1優勝以後のことを中心に聞きたい」という不躾な要望にも「何でも聞いてください」と気さくに応対してくれた中山。「ダイエットしてるんですよ、今」。

そういえば一時期の「中山功太激太り」もR-1優勝以後の異変を感じさせた話題だ

った。今はすっかりスリム。

「ダイエットして、これからまたR-1に備えようと思っているんです」

あのころの中山功太が帰ってきた。

芸人として、「変態」でも「へんないきもの」でもよいではないか。

追記

２０１５年『R-1ぐらんぷり２０１５』準決勝進出。同年『歌ネタ王決定戦２０１５』優勝と活躍を続けている。

三浦マイルド

もう1回優勝して世の中に納得してもらいたかった

1977年10月18日生まれ。広島県出身。『R-1ぐらんぷり2013』優勝。独特の風貌と、マニア受けする練り込まれたネタが持ち味のピン芸人。持ちネタは“マイルドフラッシュ”。吉本の劇場に関わらず、精力的にライブに出演中。最新情報はツイッターで。三浦マイルド［告知専用］（@miuramildinfo）

CIRCUSMAX2017年10月号取材

2013年の『R-1ぐらんぷり』(フジテレビ)で優勝した三浦マイルド。

2017年にも、2度目の決勝進出を決めた。

「優勝したあとにネットで〝まぐれだろ〟という声を目にしてしまったんです。そんなの気にしなければいいんですが、会社(吉本興業)にも、そう思われてる気がして。だから、もう1回優勝して世の中を納得させようと思ったんです」

王者の余裕どころか、そんな悲壮な決意が理由だったとは。

「翌年からは予選のお客さんの目が厳しかったです。優勝してるのに、何でR-1にすがってるんだ? という目。ハードルが上がってるんです。お客さんはシンデレラストーリーを望んでますからね。まだ決勝に出てない人に行ってほしいという。厳しかったですね」

この向かい風を超えて、見事に決勝進出を決めた。注意していた点は何だろう?

「決勝では、お茶の間に届く笑いをしなければいけない。それはイコール寄席(グランド花月等)でウケるネタなんです。予選に足を運ぶほどのファンの方は、笑いの前提を壊したネタが好きなんですが、決勝はテレビでお笑いを初めて見る方もいる。なので理にかなった笑いが求められる」

ネタの質を上げればいいのかといえば、R-1には他にも求められるものがある。

「発明です。他の芸人に〝こんな見せ方があったのか〟と言われるような発見が必要なんですよ。今年優勝した（裸芸の）アキラ100％さんは、その意味でもスゴい」

三浦が決勝で披露したネタは「ことば研究家」。たとえば「ボクシング」と「立ち飲み屋」を並べ、〝立ってるけど、あいつフラフラじゃねーか〟と、どちらにも共通しそうなセリフを叫ぶ。このパターンで畳みかけ、きちんと爆笑を取った。しかし、番組スタッフからは「今年のネタは見やすくなってレベルは上がったけど、三浦マイルドの持つ狂気、インパクトは優勝したときより欠けていた」と言われたという。

「だから3分勝負になった時に、サンシャイン池崎君のようなインパクトのある人にひっくり返されてしまう。M-1、キングオブコントは〝漫才、コントを壊したらダメ〟という暗黙のルールがあるけど、R-1は何もない。本当に見せ方の発明大会なんですよ」

ネタの質にこだわる三浦マイルドにとって、ジレンマはないだろうか。

「ピン芸に対するジレンマはないです。いつも考えているのは、対漫才師です。いかにピンで漫才に勝てるかという。東京に出てきたときに劇場に出してくださいと頼んだら〝あまりテレビに出てない芸人を出すなら、まずノンスタイルよりも笑いをとれないと〟と言われまして」

R-1王者でも簡単に出られない吉本の劇場。ス、スゴすぎる。

「ノンスタさんのネタを研究すると、ボケの手数が多い。なので自分も増やしました。とにかく僕はR‐1に恩返しをしたいんです」

恩返し？

「寄席で漫才師よりも笑いをとることが、R‐1で優勝した芸人の責任やと思うんです。あと、優勝したのに売れてないと言われるのを返上したくて。やっぱりR‐1はスゴい大会だと思ってもらいたいんです」

売れるために芸人をやっているわけではないという三浦が、今はR‐1のために売れたいと言っている。あの大会に、ここまで思い入れがある芸人がいる。

「でも最終的な目標は、寄席の爆笑王と呼ばれることです。漫才やコントと並んでも一番笑いをとる。東京に出てきたのも（劇場の）ルミネで勝負したかったから」

貪欲な三浦は、吉本のライブ以外にも積極的に進出している。

「相撲で言う出稽古ですね。刺激をもらって役に立ってます」

〝マイルドフラッシュ‼〟は、やはりまぶしかった。

追記

今もなお、出稽古を続ける三浦マイルドさん。やっぱり、まぶしい。

BBゴロー

もともと高橋慶彦さんのファンだったんです

1972年1月9日、北海道生まれの静岡県育ち。稲川淳二の物まねのみならず、ギター漫談・弾き語り・漫談もこなす「遅れてきた昭和芸人」。人生の酸いも甘いも知り尽くした大人の笑いがここにある！
Twitter @BeeBeeGoRo　公式サイト　http://www.bb56.jp/

CIRCUSMAX2017年12月号取材

「カープ芸人」でもあるBBゴロー。

まず、カープ歴がとにかく異端なのである。出身は北海道・富良野。そう、「ゴロー」という芸名はドラマ『北の国から』の黒板五郎から頂戴しているのだ。そのあと静岡で育ったゴローさん。何でまた北海道&静岡でカープファンに？

「ウチの親父が長嶋さん信者だったんです。75年の巨人広島戦で、長嶋監督が抗議の意味で選手を引き上げた試合があったんですね。そのとき『相手チームがかわいそうだ』と子供心に思って広島の応援をし始めたんです。この時ですか？　3歳でした」

3歳って、子供心にもほどがある。それほど記憶力には定評があったという。当然79&80年の連覇もハッキリ覚えている。

あの「江夏の21球」（79年の日本シリーズ、9回裏の大ピンチを江夏が奇跡的な投球で抑えた伝説の試合）は怖くて一球一球チャンネルをひねって見ていた。

後年、BBゴローはキャッチャーだった水沼四郎氏から意外な話を聞いた。

「あのとき、一死満塁で打席に立った近鉄の石渡選手は、実は水沼さんの大学の後輩だったんです。石渡選手の顔を見たら普段と違って異様に緊張していたと。何かある、これスクイズ来るぞ、と」

大学の先輩後輩だからこそ、打席での雰囲気の違いが分かった。捕手目線から語られる「江夏の21球」をBBゴローは仕入れていたのである。このように昭和カープもお手のもの。『とんねるずのみなさんのおかげでした・博士と助手〜細かすぎて伝わらないモノマネ選手権』（フジテレビ）でもカープの選手のモノマネで大活躍。

「元々は、高橋慶彦さんのファンでした。慶彦さんの前でモノマネをやったら、打撃フォームの矯正をしてくれたのが嬉しかったですね。そのとき、携帯の画面からは女性の名前で電話が鳴り続けていて、相変わらずモテてましたね」

慶彦話になると止まらない。

「北別府さんは広島市内を流れる太田川に沿ってランニングしたそうなんですが、慶彦さんは女性の帰宅時間に合わせて広島駅前を走っていたと」

練習量の豊富なカープでも走り方はいろいろ。

そんなBBゴローのカープ熱は、球団にも伝わった。

2009年のマツダスタジアムこけら落としイベントに、チュートリアル・徳井、アンガールズらとともに招かれた。

「センターで8番をつけて山本浩二さんの真似をしましたよ。静岡出身なのにカープファンということで可愛がられました」

そのあとゴローはしみじみと言った。「好きなものは近づいてくる」。

では、ここ数年のカープの強さはなんだろう？

「みんな、これやったら怒られるとか、普通はなかなか積極的になれない。でも打撃コーチ陣が素晴らしい。石井琢朗さん（現・ヤクルトスワローズ1軍打撃コーチ）、東出輝裕さん、迎祐一郎さんですね。3人が若手をのびのびさせている。教え方上手のコーチが頑張っていて、選手も楽しそう」

そんなゴローさんも嬉しそう。最近は地元広島のテレビ局の『アメトーーク！のカープ芸人には招集されないカープ芸人』という企画に招集されている。

最後に、やはりこのネタ、稲川淳二さんのモノマネで「広島カープ怖い話」を披露してくれた。得意技の合体である。

それは91年のカープ優勝時のこと。

「背番号ゼロ」「ジェット風船」など新しいことを最初に取り入れるカープは、初めてグランドで優勝のビールかけをした。その様子を見た一部のファンは「グランドでビールかけなんてやったら、野球の神様が怒るのでは？」と心配した。すると、まさにそのあと25年間優勝できなかったのだ…。

やっと呪いが解けたのは、2016年だったという話。

すっかり稲川淳二モードの、本業のゴローさんがいた。怖かった。

追記

この取材は２０１７年の８月。広島カープ独走で、セ・リーグ優勝間違いなし！　ということで「カープ」に絞って話を聞いた。ところが、リーグ優勝したものの、クライマックスシリーズで横浜に敗れ、カープはまさかの日本シリーズ出場を逃す。雑誌掲載時は、一部内容を慌てて変更した。

まさか「呪い」がここにも？　こ、今年こそ、ゴローさん出番です。

猫ひろし

すべてが壮大なドッキリ
だったんじゃないかと…

1977年8月8日、千葉県出身。カンボジア国籍。大学卒業後、インディーズ系お笑い事務所「トンパチプロ」で活動し、デビュー。バラエティ番組、CMなど多数出演。また、マラソン選手としても活躍し、カンボジア代表として国際大会にも出場。http://neko-hiroshi.com/

CIRCUSMAX2014年12月号取材
CIRCUSMAX2016年12月号取材

今回は「外タレ」の話です。

2016年開催のリオ五輪を目指す（取材時は2014年）、偉大な小男がいる。その名は、猫ひろし（カンボジア）。

「芸人になったきっかけは、浅草キッドさんが主催する『浅草お兄さん会』という若手お笑いライブをよく観に行っていたことですね。そのライブに出ていたハチミツ二郎（東京ダイナマイト）さん、マキタスポーツさんたちがトンパチプロという自前のお笑い団体を旗揚げしたので、入門しようと思いまして」

猫ひろしの新弟子時代のことは、私も鮮明に覚えている。この頃から、二郎やマキタらと付き合いがあったからだ。とにかく一生懸命な彼は先輩から可愛がられた。どれくらい可愛がられたかというと、会うたびに芸名が変わっていた……。

【タランチュラ】から始まって【タランチュラ本田】【ホンダミナコ】【ミカミヒロシ】【ドデスカデン】【横山ファック】【ウンコ☆マン】【塩ラーメンズ】など多数。

そんな彼に、トンパチプロ鬼怒川温泉旅行の帰りのバスで「猫ひろし」という芸名がつけられた。あえて詳しい意味は言わないが（ヒント・舘ひろし）、バスの中でのレクリエーション代わりの大喜利大会だったのである。私も参加していたので、昨日のことのように覚えている。

デビューのネタも先輩が授けてくれた。はっきり言って、猫のネタはデビュー時とほぼ変わっていない。大きな変化を言えば、衣装が全裸からTシャツ&短パンになっただけだ。

その後トンパチプロが解散し、猫はワハハ本舗に入って頭角を現す。そして「マラソン」で注目される。

「学生時代のマラソン大会ではいつも実績があったので、TBSオールスター感謝祭のマラソンコーナーに出たいとずっと願っていたんです」

そう、これがすべてのきっかけなのである。走りが注目を浴び、本格的な指導に恵まれた猫はグングン成績を上げ始める。

猫ひろしの初マラソンからのタイムを見てみよう。

「東京マラソン2008－3時間48分57秒で完走」

「東京マラソン2009－3時間18分52秒で完走」

「東京マラソン2010－2時間55分45秒で完走」

「東京マラソン2011－2時間37分43秒で完走」

そんな猫に「カンボジアの国籍を取得してロンドン五輪出場」という、とんでもない企画が浮上した。

きっかけは２００９年のホリエモンのネット番組。２０１１年11月、猫ひろしは晴れてカンボジア人となる。ロンドン五輪の夢は消えたが、それでもカンボジア人としての将来の夢を語り、マラソン大会出場を続ける猫に対し、世間の偏見や雑音は自然と消えていった。

「今の生活のペースは日本とカンボジアの比率が6対4ですね。トレーニングでは毎日30キロから35キロは走ります。仕事で走れないときは、夜にまとめて皇居を8周（約40キロ）します。カンボジアでは芸人・タレント活動はしていません。ランナーに専念です。タレント活動目当てと誤解されるのもイヤですから」

この心意気。

現在は「外タレ」として日本に「来日」している猫ひろし。絶妙な〝おかしみ〟が付いて回る。

「保険証がアルファベットですし、日本で働くときは在留カード（日本に中長期間在留する者に対して交付されるカード）なんです。いつも再入国するときは空港で笑われます。鉄板ネタです」

日本で働き、カンボジアではランナーに専念している生活。カンボジアでの生活を聞くと「住まいを提供してくれる人がいるので、助かります」と感謝する。

デビュー時から猫は周囲に恵まれ、周りが担いだ神輿に必死に乗って想像以上の頑張りを見せ、また愛されてきた。私にとって猫ひろしは、先輩が考えてくれたネタを全裸でやっていたデビュー当時の姿と、多くの人にバックアップされてマラソンを走る現在の姿、まったく同じである。矛盾がない。

自分に夢中になれるアホ、いや、猫は見ていてすがすがしい。

猫、リオの街を走れ。にゃー!!

そして2年後。

2016年9月。リオ五輪後の猫ひろしに会う。

見事にオリンピック出場という夢をかなえた猫ひろし。リオ五輪・男子マラソンの「カンボジア代表」。スタートラインでは2列目に並ぶ小柄な猫が見え隠れした。

「上位争いはできないので、最初ぐらいテレビに映ろうと必死でした。着替えの用意ができた順から並ぶので、僕は1番に行ったんです。記録のいい選手は前に誘導されて〝ケニア、猫、ケニア〟という並びでしたね」

すると、猫の後ろには北朝鮮の選手がいたという。

「選手村で同じ棟だったので『前に来るか？』と声を掛けたんです。そしたら僕を押しのけて前に出た。だから、僕は2列目になっちゃったんですよ。五輪を目指す人に言いたいのは〝勝負事に優しさはいらない〟ですね」

実際のレースはどうだったのか。

「自分のペースで最初から行くと決めていました。最初はビリでもいいと。コーチにも『練習以上のことは出ないから、惑わされないでください』と言われましたね」

設定タイムは「2時間31分」を狙っていた。これなら150人中の100位前後にいけると想定していた。しかし実際のタイムは2時間45分55秒。

「雨で路面が滑ったのと、靴の中でマメができてしまって。20キロ時点からマメがつぶれて、足が全然上がらなかったです」

しかし、棄権することはまったく考えていなかった。

「マメをガンガンに踏んで、つぶして走っていたんです。とにかく歩かない、絶対に完走しようと」

ずっとビリだと思っていたが、41キロ地点でヨルダンの選手に後ろから背中を叩かれた。

「ゴールはもうすぐだ、頑張って走ろうぜと声をかけてくれたみたいなんですが、その瞬間にこれは抜かされる、ビリにはなりたくないと思ってスパートをかけました」

スタート前は北朝鮮の選手に出し抜かれた猫ひろしだが、ゴール付近では自分が非情になった。

「今頃、ヨルダンでは〝勝負事に優しさはいらない〟〝日本人には気をつけろ〟と言われてるかもしれませんね。あ、カンボジア人には気をつけろか」

そのカンボジア代表のランナーは、最下位になることはなくゴールインできた。

「レース中はともかく、ゴールしたら自由だから、一気に気持ちよくなりました」

猫ひろしは、芸人モードになって観衆に応えた。サンバで迎えてくれた沿道の人たちは猫が芸人だとは知らない、ちょっと面白いヤツが入ってきたという歓迎だったという。

カンボジアコールが起き、猫はパフォーマンスを続けた。

「ちょっと売れたと思いましたよ。最近ライブで出待ちとかないのに、スゴい人で。最高の気分でした」

やはり、オリンピック後の反応は大きい。カンボジアに帰国後「いつも行くサウナで『お前、マラソン選手でカンボジア人なんだな！』と声をかけられました」。日本でも、マンションの住人から『猫さん、応援してます』と声をかけられた。

「五輪期間中に、ツイッターのフォロワーがたくさん増えました。でも五輪が終わったらスゴい勢いで減ってます。どういうことですか、これは！」

今後の考えはあるのだろうか。

「カンボジアにはお世話になったので、将来も何か協力できたらいいと思ってます。2023年に、カンボジアで初の東南アジア競技大会が行われるんですよ。どんな形でも、お手伝いしたいですね」

夢だったオリンピックに出場を果たし、その狂騒がようやく落ち着きかけた今、猫ひろしはこう思うときがあるという。

「カンボジア人になったのも、壮大なドッキリカメラみたいに思う瞬間があるんです。ふと、今でも。何か、夢のような数年間でしたから…」

確かに、そうかもしれない。いや、でも、デカい冗談や夢を見てる気分なのは、デビューのころから猫ひろしを見続けている我々つき合いの古い芸人ですから！

追記

あなたの周りのマラソン大会で、猫ひろしは今日も走っている。

第3章

これから売れるぞ芸人たちの闘争

ゾフィー

店舗の売り上げを前年対比で倍増させて信頼を得る

上田航平（写真左・1984年生まれ）、サイトウ ナオキ（写真右・1980年生まれ）で2014年にコンビ結成。『キングオブコント』2014～2016年準決勝進出で2017年は決勝進出の実力派。ブレイクの気配濃厚。最新情報は、Twitterをチェック。Twitter 上田航平（@zoffy_ueda）、サイトウ ナオキ（@zoffy_x）

CIRCUSMAX2018年2月号取材

『キングオブコント2017』(TBS)を見て個人的に衝撃だったのは「にゃんこスター」ではなく「ゾフィー」だった。

紹介VTRを見たら、彼らの生活は分業制だという。上田航平はネタを書くことに集中し、サイトウナオキは居酒屋チェーンの正社員(専務)で相方のために生活費の一部を負担しているという。ニュータイプ!

若手芸人の食えない時代といえば「親に寄生」か「恋人に負担してもらう(要するにヒモ)」か「バイト」だ。気がつけばバイトでずるずるしてしまうパターンも多い。それが嫌なら、覚悟の借金生活である。いずれにしても共通するのは「一般社会とは徐々にズレていく」。芸人を辞めて社会復帰したくても、けっこう時間がかかる。

芸人になるということはそういうことだ、という昔ながらの意識は今もあるかもしれないが、ある意味そういう「うっとり」や「美学」とは距離を置いた合理性をゾフィーに感じた。さっそく話を聞きにいった。

ふたりともコンビ別れを経験し、2014年に結成。フリーのまま活動してきた(現在はグレープカンパニー所属)。

サイトウは「1回お笑いを辞めて、今の会社に就職したんです。1年くらいたってから(上田から)連絡が来た」。上田に聞くと「社交的ではない性格なので今後どうしようかと…。でも（サイトウは）僕と組むんだったらいいと言ってると聞いたので」。

サイトウがお笑いを辞めたのは、以前のコンビ時はお互いネタが書けなくてキツかったからだ。しかし上田がネタを書いてくれるなら、と思い直した。その分、相方が集中できるように金銭的な補助を考えた。

「カラオケボックスで練習するときとか、たまに飯を食うときのお金を出すくらい。家賃を出すまでにはいきませんが」

しかし上田からすれば、それだけでも助かった。

「コンビ組んでから、キングオブコントの決勝に行けるんじゃないかと思うようになった。だからバイト量を減らしたいと相談したんです。飯もおごってもらう感じ。ちょっとずつ割合が変わっていったんです」（上田）

「そもそも飲食と芸人のどちらもやりたかったんです（笑）。コンビを再び組んで忙しくなったら、現場に出られなくなる。その場合は〝広報〟という形でどうでしょう？　と社長に相談したら感触が良かった。それからは、ライブが終わってから店に行くなど働き方が変わりました」（サイトウ）

そこまで信頼されるのも理由があった。

「店舗の売り上げを前年比で倍増させたんです。分析すると宣伝が足りなかった。酒落たカップルシートが多かったので、若い男は予約を取るはずとニラんで力を入れて宣伝した」

それが功を奏したという。

芸人のよくあるモメゴトといえば、ネタができるまでの「コンビ格差」だ。俺がネタをつくっている間に、アイツは遊びやがって、という不満。しかしゾフィーのシステムだと衝突やイライラは起こらない。

「僕らはケンカはないです。お互い、補完し合っているから。ネタが書けなかったりすると、飯を食わせてもらってるのに申し訳ないという気持ちになる」（上田）

「いいネタ書いてもらったから、お礼に焼き肉行く？　みたいな感じです。相方がユニット活動をしてるという話を聞いてもイラッとこない。もし成功したらゾフィーの名が上がるから、あわよくば自分もついていけるかもと思いますから」（サイトウ）

本当に合理的である。ネタを書かない分、自分はもうひとつの才能を使ってこつこつ稼ぐ。それをコンビに投資する。芸人ロマンにこだわるより、舞台で結果を出したほうが芸人だ。新しいコンビの形、ゾフィーに注目である。

追記

ページ数の関係で、泣く泣くカットした話を。
まず、自分たちの芸風について上田が語る。
「僕の好きなコントは、真剣な状況からどんどん崩れていくパターン。『ごっつええ感じ』（フジテレビ）のようなのは、自分にはできないコント。またバナナマンさんや、東京03さんのようなこともできない。消去法で自分ができることと、できないことを合致してきたんです。普通のちゃんとした真面目な展開で、今これを言ったら面白い！　とか思うようになった。ズラしたら面白いと」
キングオブコント決勝進出に、手ごたえを感じたエピソードがあったという。
「単独ライブ後に（キングオブコント決勝で披露した）『メシ』のネタができたんです。他の芸人からも評判になった。芸人の間で面白い面白いと広まっていった。そんな中で『どのコンビか知らないけど、メシのネタをやってるふたりが面白いらしい』と聞いたとき、イケるなと思いました」（上田）
「居酒屋のお客さんに『お前フリーでやってるのか。ゾフィーってコンビ知ってるか？』と言われました」（サイトウ）
これらのことがあって「準決勝まで『メシ』はやらない、と決めた」とふたりは語る。こういう話を聞くと、決勝に行くコンビは偶然なのではないと、当然のことだが改めて思う。

『キングオブコント2017』の当日のスタジオ、本番の雰囲気は？

「準決勝でどんなにウケていても、本番の空気は全然違うぞと聞いていた。でも俺らは『メシ』があるから、違うだろうと思ってました。でも、当日（バカウケした）にゃんこスターの後の流れをまざまざと見て、このことか、と痛感しましたね。こうなったら、噛まずにきちんと作品をやろうと。ウケるつもりで出たら「え？」と驚いて噛むだろうから」（上田）

各ライブや準決勝でも鉄板だった彼らのネタ『メシ』を持ってしても、キングオブコント決勝の本番の空気は変えられなかった。

それだけではない。ゾフィーはテレビでネタをやることの新鮮な驚きを体験する。どこでもウケていた『メシ』だが、番組を見ていた視聴者の一部で炎上したのだ。『メシ』では、帰宅して母親が家出したという事実を知った上田が悲観する。「何でだよ」「母さん、いつ帰ってくるんだよ」のあとに「どうすんだよ、メシねぇじゃん！」。

これが、母親を「メシを作るだけの人扱い」していると、ＳＮＳ等で不快感を表明した人がいたのだ。

「ビックリしました。そういう人として見られているのかと。ドラマの役を怒られている感じでした」（上田）

そりゃそうだろう。ゾフィーからすれば得意の「真剣な状況から、どんどん崩れていく」パターンである。本領発揮だったのに、今までのライブではまったくなかったリアクションや感想が彼らを襲った。

「勉強し直しだと思いました。そういうこともある、という想定もしとかないといけないんだと。いい体験をしました。新しいお客さんの前でやったんだなと」（上田）

そんなゾフィーのファン層は？

「おじさんにハマります。出待ちとかもおじさんで『キングオブコント気にすんなよ』とか言われました」と、ふたりは笑う。

決勝進出後は女子のファンも増えたが、やっぱり基本はおじさんだという。最近は「前はこんなにはウケてないよな。知ってもらってるのが大きい」と実感している。

貴重な経験をしたゾフィー。全国のお笑い好きは、また決勝進出を楽しみに待ってるから。

ホロッコ

大きな現実を目の前にすると
だんだん怖くなる。
人間って不思議です

ほり太（写真右・1970年8月24日、福岡県出身）、こまり（写真左・1974年10月15日、埼玉県出身）の夫婦コンビ。1999年3月結成。詳細は公式ブログにて。http://ameblo.jp/horokko-enman/

CIRCUSMAX2013年4月号取材

「サンドウィッチマンがネタをやり始めてから、舞台裏は騒然となりました。〝おい、これ（最終3組に）行っちゃうぞ〟と、慌てた様子でインカムのマイクにしゃべっていたスタッフがいました。たぶん誰かのマネージャーさんだったのでしょう、真っ青な顔をしていました」（ほり太）

堀田訓幸は、2007年の伝説の『M-1グランプリ』をそう語った。

堀田は芸人「ほり太」でもある。妻の「こまり」と夫婦コンビ「ホロッコ」を組んで活動している。芸人がなぜ社長もやり始めたのか？　その半生とは。

大学卒業後に、ほり太は立川談志の弟子になった。兄弟子に初めて稽古をつけてもらった日、近くで聞いていた事務所スタッフが「将来は堀田くんに稼いでもらわないと」とホメてくれたほどだった。

そのうち談志に直接呼ばれ、身の回りの世話をすることに。これも異例。そして談志がネタを見てくれる機会が来た。しかし、一分も経たずに止められる。

「お前の甘ったるい喋り方はタレントには向くけど、俺が考える江戸前の落語に向かない。山城新伍のとこで修行してこい。戻ってきたら名前をやるから」と具体的に言われた。

ショックだった。兄弟子との関係にも疲れていたほり太は、しばらく考えて談志に辞めたいと告げる。

「お前は辞めるきっかけを探していただけだ」

ズバリ言われた。

しばらくしてホリプロに入ったほり太は「フォークダンスＤＥ成子坂」との合同コントで、ホリプロ劇団の女優と出会う。それが、こまりだった。こまりは成子坂から「モノが違う」とため息をつかせるほどの逸材だった。ふたりはいつしか意気投合し、半年後には付き合い始める。

コンビを解散したほり太は、ホリプロを辞めフリーに。なかなか相方が見つからないほり太は私生活の「相方」に気づく。

「こんなに才能がある人が身近にいるのだから、組んでみようと」

ホロッコの誕生だ。

そのうち、面倒見の良いほり太の周りにフリーの芸人たちが集まってきた。ほり太は１９９９年９月に第１回「ホラ！革命だよ‼」ライブを開催する。のちに「ホラカク。」という２００９年まで続く人気ライブとなった。

しばらくして、ホロッコにチャンスが訪れた。あるお笑い番組のネタ見せに行ったら、番組に深くかかわる大手事務所の重役に気に入られたのだ。「今度メシでも食いにいこう。これからの話をしよう」。ふたりは歓喜した。「番組だけでなく事務所に所属できる！」。しかし、番組から数日後にかかってきた電話は、その重役が急死したという知らせだった。「あまりにも突然でした。すべて白紙になってしまって…」と、ほり太は振り返る。

その頃、ある芸人が『エンタの神様』でブレイクしていた。以前からその芸人にネタのアドバイスを送っていたほり太は、番組の作家のひとりとなる。打ち合わせに参加しているうちに担当ディレクターから「君も芸人なんだよね、良かったらネタを見せてよ」と言われ、数日後にネタ映像を渡した。それを五味一男プロデューサーが見て、ホロッコの出演が決まった。

2004年10月16日、オンエアのその日は結婚記念日にもなった。以前から約束していたのだ。

「全国放送でネタが流れたら入籍しよう」

その年の12月に芸能事務所「フラットファイヴ」を立ち上げ、ほり太は社長になる。当初、事務所名の最後を「ヴ」か「ブ」にするか迷い、旧知の占い師に相談すると「ヴ」にしてちゃんと頑張っていれば、3年後に事務所が有名になると言われたのでそのとおりにした。

3年後の12月。所属のサンドウィッチマンが『M‐1グランプリ2007』で優勝した。占いが当たった。

敗者復活からの優勝。「非吉本」どころか、世間的には無名の事務所。何から何まで劇的だった。

「敗者復活戦は大井競馬場だったんですけど、テレビ朝日に向かう車の中から人生が一変しましたね」

しかも、本番でもサンドウィッチマンは圧倒的にウケる。

冒頭に記したように舞台裏は騒然。ほり太はそのとき、ガッツポーズをしたのか。

「いや、あまりの大きな現実を目の前にして、ただただ怖くなってました。人間て不思議です」

周囲の予感どおり、サンドウィッチマンは最終決戦に勝ちあがる。

「2本目もよっぽどミスがなければ勝てると思いました。途中で一カ所、ネタを飛ばしたんです。でもまた盛り返したので、いけるだろうと」

ネタに関しての状況判断は、いつものほり太だった。しかし「やはり優勝してしまって」からの、事務所社長としてのオファーの殺到は未体験だった。

事務所という名の練馬のアパートは、オファーのファクス用紙だけで部屋がいっぱいになった。目の回るような日々が続く。社員ふたりを入れ、五反田の高級マンションに事務所を引っ越し。すべてが変わった。

２００９年になってホロッコはやっと本業に専念できた。さぁ次は自分たちの番だ。しかし翌年の6月。また風景が一変した。マネージャーとサンドウィッチマンが退社し、若手もいなくなった。

ほり太はしばらく眠れない日々が続いた。事務所はまた練馬に戻った。

ほり太は言う。

「相方は誰からもスゴいと言われた人。それが、事務所の経理とかの仕事をずっとやらせてしまって。僕は罪の意識を抱えています。だからホロッコとして、きちんと売れたい。おじいちゃんおばあちゃんになってスポットライトが当たるなら、それでいい」

「仲のいい夫婦漫才」というスタイルを編み出した。登場するだけで観客を「ホッコリ」させるホロッコ。苛烈な時代を生きた経験が味わいを深めている。

この夫婦、また風景を一変させる日が来るか。

追記
２０１８年4月、オフィス北野を退所。フラットファイヴに戻って活動中。

錦鯉

若手にも頭を叩かれる
ありがたいことですよね

長谷川雅紀（写真左・1971年7月30日生まれ）と渡辺隆（写真右・1978年4月15日生まれ）のコンビ。芸人仲間では、面白いと評価の高かったふたりが、2012年に結成。最新情報は、ツイッターをチェック！
長谷川 @norinorimasa2　渡辺 @takashi_watanab

CIRCUSMAX2017年2月号取材

『M-1グランプリ2016』で準決勝まで進み、芸人の熱い注目も浴びた「錦鯉」。45歳のおじさんだけどバカキャラの長谷川雅紀に、頭をペチペチ叩いて諭す渡辺隆の小気味いいツッコミ。インパクトは屈指だ。

2012年に結成したとき、長谷川は40歳だった。コンビ歴は浅いが、個人のキャリアは長い。長谷川はコンビを組むのは2回目、渡辺は3回目だ。

「当初はウケませんでした。キャリアのあるふたりがコンビを組むと、ある程度予想できて必ずしも爆発しない。これは僕たちだけの話ではないんですけど」（長谷川）

それが変わってきた、きっかけは？

「ハリウッドザコシショウさんに〝もっとバカキャラのほうがいい〟と言われて。ネタにツッコむスタイルだったけど、キャラにツッコむ形になってきた」（長谷川）

「2カ月に1回、ネタを10本やるライブをやり始めたんです。『キングオブコント』で優勝したバイきんぐさんがお手本でした。そこから選りすぐりのネタができて、賞レースに残りはじめた。あ、これでいけるのか、俺らでもいいのか！　と」（渡辺）

同じ事務所（ソニー・ミュージック・アーティスツ＝以降SMA）の実力者であるザコシやバイきんぐの存在の大きさが分かる。

「ヨソでうまくいかなかった芸人たちが集まってくるのがウチの事務所。外様だらけ」とは、SMA芸人の多くが語ることだ。実際に錦鯉のふたりも、この世界でのスタートは吉本興業だった。

そんなSMAの快進撃の理由は何だろう。

「みんな、研究熱心。先輩後輩関係なく議論する。人のネタの寸評でケンカしてますから。ヘンにとがってるヤツがいないんです。自分のネタを見て見て、と」（渡辺）

外様が多いということは、それだけ経験や見てきたものの数も違う。そこにフラットに知恵を出し合える土壌があれば、キャリアの結集となり、集合知となる。これがSMAのパワーの秘訣なのだろう。

「バイトも、ほぼみんな同じ。水道のメーター検針です。150〜200件がノルマだけど、早い人は3時間程度で終わる。時間に融通がきくし、外でひとりの作業だから芸人としては都合がいい。ネタ考えながらできますからね」（長谷川）

こうして、錦鯉は着々と力をつけた。高年齢の新コンビという要素が一周して「武器」になりはじめた。

「45歳で芸歴20年以上なんて、若手ライブでは僕ぐらい。一緒に出演していた芸人のお父さんと同い年だったこともある。楽屋でも、スゴくイジられてますよ。若手の練習台になってます。初対面で会った若手にもフルスイングで頭を叩かれる。ありがたいですよね」と長谷川は語る。

「バカおじさん」の長谷川は子供人気も高いという。バイト先の事務の娘さんがテレビを見て彼らにハマり、工作の授業で彼らの人形を作ったほど。

「営業先の出口で子供たちが出待ちしてることもある。〝おじさん、さっきのもう一回やって〟と。小学6年生の子が僕らをスマホの待ち受けにしてました」（渡辺）

若手芸人にも子供にも大人気。この親しみやすさは、今後は漫才だけでなくバラエティでのタレント性にもつながりそうだ。いつブレイクしてもおかしくない。今回のM-1の準決勝も自信はあった。

「毎年決勝に進出するコンビを当てる占い師みたいな方がいて、去年は〝赤い服を着てる人が見える〟で『メイプル超合金』が。今年は〝スゴい頭を叩く人がイメージされる〟って言ってたらしいんです。だからウチらかと期待したら『カミナリ』だった」

今度こそM-1決勝の「頭ひっぱたき枠」を目指せ、錦鯉！

追記

実力派としてテレビ出演も増えた。「良き先輩」としてのザコシさんの顔も出てきた。SMAのパワーの秘訣を聞けた回でもあった。

デスペラード

北海道の母さんの実家が蕎麦屋で、
イラン人の父さんがカレー作ったら
「本格派だ」って客が増えたけど
ホントはレトルトで…

武井志門（写真左・1977年12月29日、東京都出身）とエマミ・シュン・サラミ（写真右・1980年10月5日、イラン・テヘラン出身）のコンビ。2004年9月結成。サラミ初著書『イラン人は面白すぎる！』(光文社新書）好評発売中。

CIRCUSMAX2013年10月号取材

先日、イベントで水道橋博士さんとご一緒した。50歳最後のその日、博士さんがチャレンジしたのが「人前で歌うこと」だった。「自分はそんなことをするキャラじゃない」という今までの「自意識の檻」からの解放だったのである。博士は『浅草キッド』を熱唱し、自身の長年の照れと闘い、51歳を迎える儀式をした。このキャリアにして、ようやくひとつの壁を越えたのだ。

デスペラードはイラン人のエマミ・シュン・サラミと東京生まれの武井志門のコンビ。話を聞くと、サラミはまさに芸人の「自意識の檻」と闘っていた。

9歳でイランから北海道に移住したサラミは、学生時代からパチスロや風俗のライターをやり、AVの台本も書いていた。ギャグを書きながら、プロの世界で笑わせたいと思った。勇躍、東京NSC（吉本総合芸能学院）の門を叩く。当時は「渡辺隼」と母方の名字で日本人名を名乗り、日本人だと言い張っていた。

同期でもある武井が証言する。

「でも明らかに外国人っぽいんですよ。ネタ終わりに作家の先生が『おまえ外人だよな？』ってサラミに聞いたんです。『やめてください。よく言われるんですが、飽き飽きしてるんです』とサラミは否定したんです。でも先生の追及が続いて……」

ついに激したサラミが言った。

「日本人ですよ。だって、イラン人だなんて言ったら、みんなイジメるでしょっ！」

教室中、大爆笑。サラミは困惑した。

「イラン人というだけで、こんなにウケるのか?」「俺はツッコミをやりたかったのに、まさか自分がイジられるとは」

デスペラードとしてふたりがコンビを組んでからも、サラミの自意識との闘いが続く。それは衣装の変遷でも分かる。

「今は分かりやすくターバン巻いてますが、最初はしてなかったんです。ターバンは政治家とか偉い人しかしないとサラミが言うんで」（武井）

しかし『爆笑レッドカーペット』（フジテレビ）のオーディションでターバンを巻くことをアドバイスされ、サラミは腹を決めた。ひとつのギミックを受け入れたのだ。

日本人の俳優やプロレスラーが海外へ行くと、サムライや歌舞伎の所作を誇張した「イメージどおり」を求められるのに似ている。やりたいキャラよりも、求められているキャラ。

キャラのおかげで、自分たちにしかできない芸風もできた。

武井「イランとイラクって分かりづらいよな」

サラミ「アメリカと戦争したのがイラクで、これから戦争するのがイランです」

ウケるようになった。でも、まだどこか吹っ切れない自分がいるとサラミは言う。イランの友達から「おまえはイランをバカにしてるのか」とか「イランとアルカイダは敵だから」と言われると戸惑う。

武井も別の悩みがある。

「テレビに出られないネタでこのままいくべきか、出られるネタを作ればいいのか」

そんなリアルな話になったとき、サラミが言った。

「ボクとダルビッシュは『北海道に住んでた二大イラン人』なんです。だから紗栄子も、ボクのことは好きなはずです」

「別にイラン人が好きなんじゃねーよ」（武井）

何かにつけてダルビッシュを絡めていくのは面白いと感想を言うと、ふたりは喜んだ。今後デスペラードのネタに「無理やりダルビッシュ」が加わっていたら、この日の取材がきっかけかもしれない。「芸人の自意識の檻」を破れ、イラン人！

追記

このコンビに興味を持った方は『イラン人は面白すぎる！』（エマミ・シュン・サラミ著、光文社新書・２０１２年）も読んでみてください。

エルシャラカーニ
もう遅くないですか？
今からでもいけますかね

「清和漫才協会」を旗揚げするほどの“全身漫才師”セイワ太一（写真左・1971年4月6日生まれ）と「ボケなのにビビリ」の山本しろう（写真右・1973年3月6日生まれ）が1997年に結成。ライブでは爆発的な笑いを取る。最新情報はツイッターで。セイワ@seiwa_taichi　山本@yamamotoshiroo

CIRCUSMAX2017年4月号取材

今から7年前。

『人志松本の○○な話』（フジテレビ）で、「芸人がハマっている芸人」を紹介するという回があった。オードリーの若林正恭が「好きすぎていつもiPodで聴いてる」と熱烈にプレゼンした後に登場したのがエルシャラカーニだった。ネタ終わりに、あの松本人志さんが「これでもM-1決勝、行けないんや」とつぶやいた。

「松本さんの一言の影響力は大きかったですね。放送後にちょうど『THE MANZAI 2011』（フジテレビ）の一回戦があったんですけど、スタッフさんがニコニコ話しかけてきてくれたり、周囲の扱いが変わりました」と、ツッコミのセイワ太一は語る。しかし、最も反応に変化があったのは客席だった。どんな会場でも、期待感を持って迎えられるようになったのである。

自信と認知を得たエルシャラカーニは、見事に『THE MANZAI 2011』の決勝に進出する。もともと実力派であるうえに、ボケの山本しろうは「本物のバカ」とテレビで紹介され始めた。ボケた後に「面白い？」と自分で客席に聞いてしまうギャグも持っていた。ブレイクは時間の問題と思われた。当時、本人たちはどう思っていたのだろう。

「まったく浮かれてなかったです。『どうせ俺たちなんか』という気持ちのほうが大きくて」とふたりは声を揃える。翌年も決勝進出を果たしたが、気分的には同じだったという。意外な答えだった。
　エルシャラカーニがなぜブレイクしないのか、私は不思議で仕方なかった。それは、今もだ。腕もあってキャラもあるのになぜだろう？　今回会いに行った大きな理由は、それを聞き出すことでもあった。本人たちはどう考えていたのか、知りたかったのだ。
「皆さんホメてくれるんですけど、（ボケの）しろうは実は明るいバカではなく、暗いバカなんですよ。だから屈託なく前に出られないタイプなんです」（セイワ）
「あの、僕、ビビりなんです。緊張するんです。俺が俺が、と自分でいけなくて…。自分に（話題を）振られるのを待ってしまうんです」（山本しろう）
　暗いというより、こうして話してみると「人が好い」「優しすぎる」という側面も浮かぶ。でも、それって今の時代なら逆に武器になるのでは？　とも思う。ＳＮＳで誰もが発信する今、共感を呼ぶのは正直さや親近感でもある。破壊的なバカキャラなのに人の良さも全開で、おまけにすぐ緊張してしまう草食ボケ。内向的な人々にもウケそうではないか。
　それが証拠に、オードリー・若林が6年前にエルシャラカーニを紹介したとき、こう締めくくっていた。「バカなのに緊張しいなんです」「なので大きいチャンスをことごとく逃していているんです」。

この若林プレゼンに対し周囲の芸人は「バカですねえ」「ナイーブ」とゲラゲラ大喜び。そんな空気のあと、エルシャラカーニは見事に爆笑を取っていた。

あの完璧な若林プレゼンを再利用したら良いのではないか？　内向的で温和で破壊力のあるボケなんて最高だ。

「もう遅くないですかね？　今からでもいけますかね」とセイワ太一は言った。そこは逆手にとってビビりキャラのため6年間チャンスを「溜めた」「今ようやく前に出れた」とすればリアルな売りになる。客席だけでなく相方にも「面白い？」と気弱にさらに確認してもいい。「ビビリだから…」と。

エルシャラカーニはコンビ結成20年を超えた。実力派の証明でもある。世の中に「面白い？」と再度聞いてほしい。

追記
「面白い？」と聞く必要がないほど面白い、大好きなコンビ。聞く立場を忘れて、ついつい一緒に今後の展開を考えてしまった印象的な回でした。

めいどのみやげ

シャルダンのCMに出てたから
生徒に「シャルダン先生」って
呼ばれてたんですよね

ティーチャ（写真左・1935年1月24日生まれ）とサッチィー（写真右・1973年11月10日生まれ）の父娘コンビ。2008年結成。後期高齢者、75歳の新人芸人として、舞台、ライブなどで活躍。ティーチャは「年金ちゃん」としてピンでも活動。http://ameblo.jp/meidonomiyage/

CIRCUSMAX2013年8月号取材

お笑い好事家にはもう気づかれているが、今後世間でもブレイクするかもしれないコンビを紹介する。「めいどのみやげ」だ。

ボケの「ティーチャ」は78歳、ツッコミの「サッチィー」は39歳（取材当時）。誤植ではない。ボケは1935年1月24日生まれ。ツッコミは実の娘。親子コンビなのだ。その分かりやすさもあってか、出てきた瞬間に客席がどよめく。好々爺が娘を相手に、正真正銘のボケをかます。

一体どんな半生（というか、ほぼ人生）を過ごしてきたのか。

ティーチャは、芸名どおり教員だった。若き日は、日大で野球選手。同い年では立教に長嶋茂雄がいた。

では、教員一筋で定年退職後に急に芸能界に入ったのか。いや、もともと実績があったのである。

「高校時代から演芸の世界に憧れていて。大河内傳次郎のモノマネで、文化祭では花形でした。大学3年のときにフランク永井さんのもとで司会の勉強をしたんです。ウエスタンバンドをやっていた現在のサンミュージック・相澤秀禎会長や、田辺エージェンシー・田邊昭知さんとは、その頃に出会いました」

つまり、ティーチャは芸能界の黎明期に立ち会っていたのである。

大学を留年したら、そのまま芸能界に進もうと決めていたが、幸か不幸か卒業できた。建設会社に就職。

でも、やっぱり芸能界への夢を諦めきれないので27歳で退職。「新宿松竹文化演芸場」の劇団に入団する。まず、トリオを組んだ。出演していた当時の楽屋がスゴい。「談志がまだ『柳家小ゑん』の頃。談志さんは新宿駅で新聞を買ってきて、それをネタに漫談をしてましたねぇ。ほかには石井均一座に在籍していた伊東四朗さんも同じ楽屋にいましたねぇ」

あの頃の演芸界を取材した傑作に『日本の喜劇人』（小林信彦著・新潮文庫）があるが、ティーチャは「楽屋にいた側」だったのだ。そんな貴重な人が、まさか私の目の前にいるとは。

トリオはメンバーのひとりが「ギャラを持ち逃げして」自然消滅。挫折した彼は、ガソリンスタンド経営が順調だった実家に戻される。八王子支店を任せられたが、ヒマだった。「そうだ、地元の子供に野球を教えてあげよう」と思いつき、高校野球部の監督になる。教え方がうまくて甲子園に行きかけた。それなら本格的にやろうと教員免許を取って教師になった。そのとき41歳。

では、それまで何をしていたのか。

「映画会社の『大映』がつぶれそうっていうんで、立て直しを手伝っていたんです。営業兼司会兼俳優をやってましたね。春風亭柳昇さん原作の映画『陸軍落語兵』にも出ました。新兵をいじめる江川伍長の役です。本名の佐川真勝で」

堅気の仕事に就きつつ、ティーチャは何度も芸能界に「出入り」していたのだ。その当時に結婚し、次女「サッチィー」は40歳のときに誕生した。

「私は子供の頃から芸能界に憧れていたんです。カラオケコンテストでは40回ぐらい優勝しました。そのあとタレントとして事務所に所属したんです。さらに、バンド活動も始めました」（サッチィー）

彼女は、確実に父親の血を受け継いでいた。

そして2008年に転機が訪れる。

「バンドのライブで、すでに教員を退職していた父に、前説やコントを一緒にやってもらったんです。それが好評だったので『親子コンビ』を組むことにしたんです」（サッチィー）

「めいどのみやげ」誕生である。ティーチャはやっと、この年で憧れの芸能界に集中できた。

「ホントに幸せですよ、今」

その特異なコンビは口コミで広がり、晴れて2013年にサンミュージックプロダクション所属となった。ティーチャが学生の頃に出会っていた相澤会長のプロダクションである。
その年の5月、相澤会長逝去。もしかしたら、相澤会長の「めいどのみやげ」ならぬ「この世への置きみやげ」はこのコンビなのかもしれない。

追記

2018年「ティーチャ」は83歳、ツッコミの「サッチィー」は44歳。相変わらず元気です。

Hey! たくちゃん

誰もやってないことをやって
面白いと言わせたいんですよ

1981年7月2日、北海道出身。2000年デビュー。多くのものまね番組で活躍。アゴものまねで一世を風靡した。11年『東京ラーメンショー2011』の「NRA杯 ラーメンコンテスト バトプリ2011』で優勝。12年より東京・渋谷にて「鬼そば藤谷」を経営。http://ameblo.jp/heytakuchan2/

CIRCUSMAX2015年6月号取材

「アゴものまね」を見たとき、なんとスゴい発見なのだろう、と唸ってしまった。なぜ、アゴにたどり着けたのか？

「ものまねの世界をぶっ潰してやると思ったんですよ」

番組オーディションに行って大御所とネタがかぶると、余った素材でやれと言われる。なら、自分で新しいジャンルをつくろうと決めた。

最大のヒントは「近く」にあるはずと思い、ものまね番組の画面を凝視した。「何が行われていないか？」「ライバルがいない場所はどこか？」。

気づいたことは、ノートにすべて書き出した。そして、ある点に注目する。ものまね中、テレビ画面の隅に「本人の写真」が出る。視聴者は似ているかどうかを、自然に見比べる。その、確認作業が無駄と感じた。

「写真の顔半分を、ものまねで実現すればいいと思った」

さっそく漫画喫茶のバイト中に新聞をチェックしてみた。当時は亀田興毅、朝青龍、荒川静香の顔がよく目についた。友人にネタを見せたところ「アゴだけは似てるね」。こうしてアゴものまねは誕生した。偶然ではなく、見つけ出したのだ。

そして、もうひとつの転機。ラーメンレポーターの仕事のとき、誰もやってない形式をやろうと考え「キレながらホメる佐野実方式」をやってみた。

評判が良かったので、部屋にこもって佐野実を研究した。仕事が一時期よりも減って、時間もある時期だった。

「佐野さんだけを考えているときが、２年間あった」

いつの間にか、ノートにはラーメンのレシピが溜まっていた。

そして２０１１年の『東京ラーメンショー２０１１』。10年未満のプロや、素人も参加できるこのコンテストに参加を決める。

「佐野実の物真似をしながら、ラーメンを作ったら面白い。このガチの大会で」

たくちゃんは「これは、また新しいジャンルを作れる」と考えたのだ。

仕事で知り合ったラーメン屋に相談して、レシピを見せると「出場したほうがいい」。覚悟を決め、最後に佐野実に「ネタ」を見せることにした。会うと優しく心配してくれたが、今回の趣旨を話してレシピを見せると佐野は一言。

「麺はもっと細くしたほうがいいな」

ラーメンの鬼の顔となっていた。

「絶対優勝しろよ。優勝しなきゃ、もう会わないからな」

たくちゃんは、見事に優勝する。

泣きながら、佐野にお礼の電話をかけると「分かってたよ、お前の顔を見たら、追い込まれてたの。お笑いも頑張れよ」。

窮地を救ってくれた佐野。こんなにも人のために協力してくれる人がいるのだと感動し、ますます好きになった。

その一年ほど後に、ある会社から出資金ゼロでラーメン店をスタートできるシステムがあるからオーディションを受けないかと誘われる。

「オーデションは全部受けろ。落ちても何か拾ってこい」という事務所の先輩・原口あきまささんの言葉を思い出し、実践した。

そして受かった。新しい人生に光明が見えた。しかし、たくちゃんは言う。

「お笑いを続けるために、ラーメン屋をやったんです。飲食やりながら芸人やってんのかよと悪口言われてもいいから、ズルズルでもいいから、絶対にお笑い芸人を続けたかった」

朝に仕込みをしてスープを作り、店を経営しながら舞台に出る。居酒屋でもスナックでもなく「食のエンターテイメント・ラーメン」だからこそ芸人として面白い。

「何か、これひとつだけはできます、という芸人の武器が〝美味いラーメン店経営〟でもいいじゃないですか。誰もやってない新しいジャンルをつくれるんですよ」

またしても、たくちゃんは「自分にしかできない」開拓をしたのだ。「アゴものまね」も「ラーメン」も研究の成果なのである。
佐野実が亡くなって数年、今日もたくちゃんは、お笑いもラーメンも続けている。

追記

このコラムの1年後、多数のラーメン屋が出店するグルメイベント「大つけ麺博２０１６」のラーメン部門で優勝。２０１７年10月、ＨＥＹ！たくちゃんのラーメン屋「鬼そば藤谷」はカップ麺にもなった。寿がきや食品株式会社から「鬼そば藤谷監修鬼塩ラーメン」が発売されたのだ。芸人の武器は、ラーメン本格派の道を歩んでいる。

そして２０１８年５月『水曜日のダウンタウン』（ＴＢＳ）で「ネタパクリ問題」が話題にもなった。あらためて３年前を思い出すと、アゴものまねにしろ、佐野さん直伝のラーメンにしろ「研究熱心」なコトが分かる。そういう意味ではラーメンにたどり着いたのは絶妙だった。あと「アゴものまね」というオリジナル開発は、もっとホメられていいと今でも思います。

セクシーJ

同級生名簿の親の職業は
政治家と医者ばっかり
カニ缶手土産にして
遊びに行ったりするような

1979年8月15日、東京都出身。古典芸能（？）金玉洗いを引っさげ、2018年6月30日公開の映画『パンク侍、斬られて候』（原作・町田康、脚本・宮藤官九郎、監督・石井岳龍）に役者として出演。取材時の「日本中のお祭りに行って勝手に奉納披露」は現在は行っていないが、各ライブに出没中。植木屋（職人歴10年）としても活動中。

CIRCUSMAX2013年6月号取材

あなたは〝金玉洗い〟という芸を知っているだろうか。知らなくても大丈夫だが、紹介しよう。

セクシーJは、ほぼ全裸。ふんどし一丁で舞台に登場する。あろうことか、そのふんどしの下からは「金玉」がぶらぶら。ストッキングに入れた2個のボールで表現しているのだ。

裸で玉をぶら下げた胸毛だらけのその男は、粛々と儀式を行なう。金玉洗いとは、どうやら「奉納芸」らしい。

セクシーJ。本名は種田穣一郎。1979年8月15日、34回目の終戦記念日に東京都葛飾区に生まれた。セレブみたいな大仰な本名だが、聞いてみたらホントにセレブだった。

Jの祖父は地元の信用金庫の理事長で、そのお嬢様は大手広告代理店に勤めるやり手の青年と結婚、Jが生まれた。実家は亀有でも有数のお屋敷。敷地内にはいくつも邸宅があり、Jは中学から大学まで空いている屋敷で文字どおり「ひとり暮らし」をした（プール付き）。食事時になると、家族は中央にある大屋敷に集まった。そこが居間代わりだった。

学校は学習院。初等科から高等科まで通う。同じ空間に皇族がいた。外国の要人が来日すると、迎賓館に行って旗を振った。海外旅行に行くと、現地で同級生とよくすれちがった。すべて普通のことだと思っていた。

「都市環境」に興味を持ったJは東京造形大学に進学。卒業後、奈良にいる造園の大御所に弟子入りしたが、セレブから職人の世界にきたJは毎日どやされ、一年後にあっさりクビになる。先輩にはたいそう意地悪をされた。おっとり育ったJには、慣れない土地でいきなりの職人生活はどだい無理な話だった。

途方に暮れ、東京に戻ってきたJは求人誌『ガテン』で練馬の植木屋さんを見つけ就職する。植木だって「都市環境」だ。師匠は厳しくも優しく、松の手入れを毎朝5時から特訓してくれた。3年後、師匠に認められたJは会社が担当していた日本橋三越の屋上庭園の管理を任される。天下の三越で初の〝頭（かしら）〟。下町っ子のJには、東京の水がやはり合っていた。

そのころ、もうひとつ楽しみがあった。美大予備校時代に知り合った仲間たちと、毎週日曜に集まって映像製作活動をしていたのだ。Jはもっぱら「役者」を担当。表に出るのが快感だった。

あるとき仲間がマキタスポーツのライブ映像製作に協力することになり、Jは次第にマキタの運転手や手伝いをするようになる。いつのまにかマキタを「師匠」と呼んでいた。

２００７年、師匠が仕掛けたイベント「マキタ学級大文化祭」のお笑いコンテストでＪはデビュー。ネタづくりは師匠の家で。休憩中に汗だくで裸になったＪを見たマキタは「何だ、その胸毛は。男らしいじゃないか」とつぶやいた。

「セクシーＪ」の誕生である。

「じゃあ裸のままで、金玉洗いという仮定の神事を懸命にやってみろ」とマキタ。

「奉納芸」の誕生である。お笑いコンテストでは優勝してしまった。審査員のピエール瀧からは「人類最古の芸」というキャッチフレーズをつけてもらった。

不思議なことに、どう考えても下ネタなのに、セクシーＪにはゲスな空気があまり漂わない。セレブとして育ったおっとり感が、独特のゆるさに転化されるのだろう。女性客にもあまり拒絶されない。

数年前に、経済評論家の勝間和代氏の前で金玉洗いを見せるというライブ企画があった。勝間氏は怒ると思ったら「前口上が長すぎます。金玉を出すタイミングをもっと早くしたほうがいい」とダメ出しをしてくれた。勝間に金玉をコンサルティングされたのだ。人徳と言っていい。

今後は日本中のお祭りに行って勝手に奉納披露することを考えている。テレビや舞台だけが活動場所ではない。セクシーJははたして「寅さん」になれるか？
いつかあなたの街に現れたら、お賽銭を投げてやってください。

追記

２０１５年に娘が誕生。金玉洗いをしていたら、目に入れても痛くないホンモノの「金の玉」が出た。

銀座ポップ

なべやかんさんのライブに出てからすべてが変わった

1970年3月30日、福島県出身。趣味はヘビメタとヒップホップを聞くこと。「東京ビタミン寄席」などの他、精力的にライブに出演。2015年は『北野演芸館』（TBS）にも出演を果たした。
公式ブログ「輝け銀座ラジオ」http://gold.ap.teacup.com/gzpop/

CIRCUSMAX2016年2月号取材

この連載、どうやらテーマはふたつにしぼれそうだ。ひとつが「人生が変わった瞬間、何かに気づいた瞬間」であり、もうひとつは「世の中の皆さん安心してください、あなたより歩みが遅くても、ゴキゲンに人生を送っている人間がいますよ」である。

今回紹介するのは後者。オフィス北野の新人「銀座ポップ」。この若手芸人は45歳。しかも20歳のときから芸人を目指したうえで45歳・新人（取材時）なのだ。

え？　何がどうしてこうなった？

「芸歴は10年だとカウントしています。2005年（35歳）からが一応のスタートだと思っています」

この言い方が、もう怪しい。ホントは20年以上のキャリアをこっそり隠しているのではないか？　とにかく話を聞いてみよう。

「父は福島で開業医をしていました。長男の自分は期待されていたのですが、中学浪人してしまって。大学受験のときは、3年浪人しました。中央大学の夜間部に入学した時点で、同い年より4年遅れです」

大学4年（26歳）のとき、お笑いライブに初めて出る。立派なデビューだ。

「でも、デビューだとカウントしてません」

なんで？

「僕は明日にでも大スターになりたかったのに、オーディションを探して、なおかつライブ出演をクリアしていかないとダメと知って、しばらくライブに出るのがイヤになったんです。バイトばかりしてました」

月日は過ぎて31歳になった。ようやく決心してＮＳＣ（吉本総合芸能学院）に入る。1年後に卒業。

「でもデビューだとカウントしてません」

なんで？

「またフリーター生活に戻ったからです」

そして、ついに35歳になってしまった。では、本人が芸歴が始まったとカウントするこの年に、一体どんな転機があったのか？

「なべやかんさんのライブに出してもらえることになったんです。やっと月イチペースでネタをするようになりました」

浪人生活の末に「夜間」に入った男は、芸人浪人生活の末に出会ったのも「やかん」であった。

それにしても、だ。20歳の頃から芸人を志したのに、35歳の時点で舞台経験は片手ほど。異常な打席数の少なさである。志が高すぎて逆にこうなったのだろうか…。それまでは本名で舞台に立っていたというので名前をたずねると「大武高志です」。

ああ、やっぱり志だけは高かった！

「なべやかんさんに〝田舎者が銀座でポップを目指す〟という意味で、今の芸名をつけてもらったんです」

芸風も、このころ変えた。ウケないので何かないかと考えたら部屋のターンテーブルが目に入った。「ギター漫談があるなら、ヒップホップ漫談もあっていいじゃないか」。開き直って、自分が好きなモノを取り入れてみた。ＤＪスタイルにして音楽を止めたあと生活臭のする「あるある」を入れてみた。

〝サラダバーなのにハムだけ取るな〟

〝さくら水産の魚肉ソーセージ、すぐ出てくる〟

やっとウケるようになってきた。そして今から5年前、オフィス北野がフリー限定の芸人を対象としたライブを立ち上げた（「フライデーナイトライブ」）。千載一遇のチャンスだった。数年かけて好成績をおさめ、事務所所属になれた。同じ新人コーナー出身には『Ｍ-１グランプリ２０１５』決勝に進出して注目を浴びる「馬鹿よ貴方は」もいる。

銀座ポップも２０１５年、テレビのネタ番組で「ビートたけしさんにも初めてお会いできました」という「快進撃」を果たした。45歳の今、他の若手に混じって活動中である。

「僕は浪人を重ねていましたから、学生時代から周囲がずっと年下だったんですね。今も同じですかね」

現在は、お笑い浪人中の45歳といえようか。でも、未来と希望を信じる顔を見ると、やたら楽しそう。これも、ひとつのリア充か。

ちょっと仕事に疲れた同世代の方、安心してください。こんなヤツもいますよ。

追記

今年48歳の若手、早く50歳になってもらいたい。

第4章

大御所たちのプレゼン論

島田洋七

最近の若手は
楽しくなさそうやな
世間が文句言い過ぎやねん

1950年、広島県出身。漫才コンビ「B&B」として80年代の漫才ブームの先駆者となる。現在は、漫才師としての活動の傍ら、講演、執筆活動にも精力的に取り組む。著書「佐賀のがばいばあちゃん」は日本のみならず、韓国、台湾、また英語圏などでも翻訳され、世界各国に広がりをみせている。

CIRCUSMAX2016年6月号取材

「タモロス」という言葉がある。

『笑っていいとも！』（フジテレビ）が2014年3月31日に終了したことで、司会のタモリさんを昼に見られなくなることで起きる喪失感や、虚脱感を表した言葉だ。

それを言うなら、私は「Bロス」だった。『いいとも』の前身番組『笑ってる場合ですよ！』に夢中だったのである。

1980年10月から1982年10月まで生放送されていた平日の帯バラエティで、曜日レギュラーにはツービート、紳助・竜介、ザ・ぼんちのスターたちがいた。そして司会には当時の漫才ブームのトップを走っていたB＆B（島田洋七・洋八）が燦然と輝いていた。若さと新鮮さは既成概念をぶち破る風を感じ、ワクワクしながら小学生の私も見た。

ツービートが担当したコーナー「勝ち抜きブス合戦」はスゴかった。なんせ、勝ったほうが嬉し泣きをしているのである。少なくとも私はテレビでアレ以上の衝撃は知らない。

小学生は、昼間は学校がある。そこで私は親に頼んでカセットテープに録音してもらっていた。先ほど「笑ってる場合ですよ！　を見た」と書いたが、正しくは「聴いていた」のである。なので、終了したときはショックだった。後任番組のタモリさんにしばらく馴染めなかった。今から考えると「Bロス」なのである。

今回、まず師匠に聞いてみたかったのは、漫才ブームであっという間に国民的人気を得たころの風景だ。

「レギュラーが週に19本やからね。みのもんたさんもそんなにやってない。番組のオープニングで1、2分しゃべらなければいけないやろ？　ということは19本分ネタを作らなければいけない。しかも土日は営業。夜7時から北海道で営業して8時から現地でテレビの生中継が入る」

ここでいう「8時からテレビ」というのは、当時の土曜夜の王者であったドリフに対抗すべく日本テレビが仕掛けた『爆笑ヒット大進撃!!』という演芸番組のことだ。7時半から9時までの放送時間で、ドリフがはじまる8時前からB＆Bの漫才をぶつけた。毎週生で11分。

これだけ忙しいと、いったい人はどんなふうになるのだろう。

「ワケ分からんかったよ。3、4時間しか寝れてない。自分以外のことは何も分からん。他の番組を見る時間もないし、あのころの3、4年間は芸能界で何が起きたか知らんかった」

こんなことがあった。出演していた歌謡番組の『ハナキンスタジオ』（フジテレビ）

のリハで、山口百恵がどこかさみしそうだった。

「百恵ちゃんどうしたの？　って声かけたら『もうすぐ芸能界やめるんです』って。『え、芸能界やめんの？』って聞いてしまった」

山口百恵は引退直前にこの番組に出たのだが、島田洋七は忙しすぎてその時に初めて山口百恵の引退を知ったのだった。そんな状態が3、4年続いた。

「朝昼晩これが続いたら、そりゃ短いわ」

売れすぎた後に考えたことや、あのときこうしていれば…と今になって思うことはあるのだろうか。前代未聞の売れ方をした洋七師匠しか答えられないので、あえて聞いてみた。

「たけし、紳助は司会をやることに徹底した。そこが俺との差やな。俺は漫才さえやっときゃ、もう1回売れると思ってたんや。漫才が好きやし、芸人としては当然の考えだったけど、ブームが終わったら世間は漫才にお腹いっぱいやった」

でも、島田洋七というトップランナーは、あとに続く人たちの絶好のお手本になったと言えないだろうか。誰もが歩いたことのない道（漫才師→司会）を、初めて歩いてくれた。開拓者であり、2、3番手からすれば格好のモデルケースではなかったか。

「うん。紳助はそう言ってたな。（漫才だけでなく）変化を起こさなアカンやろな。俺は人生は長距離と思ってなかった」

司会だけでなく、そもそも島田洋七は漫才でも、ツービートや紳助・竜介に影響を与えた。一方的にしゃべりまくる斬新な漫才は、演芸場には行ったことがない若者にも大ウケし「マンザイ」とカタカナで表記された。あの革命的な芸風は何がヒントになったのだろう。

「横山やすし師匠が『お前は言葉がハッキリしてる。だからしゃべりのテンポをもっとあげてもOK。ネタフリを短くしてオチが多いほうが笑いが大きい』ってアドバイスしてくれてね」

〝やすきよ〟として漫才の絶対王者に君臨していた横山やすしの言葉が「新しい世代」のマンザイを誕生させた。

B&Bの漫才には「モミジまんじゅう～！」を代表とする多くのギャグがあった。「めちゃめちゃ陰気やで～」「小野田さ～ん！」なども小学生にも大人気。ブームの要因のひとつだろう。

「意味分からんけど面白かったと言われたね。ギャグは感性。たけしも詰まったら『コマネチ』って言うやろ。それを分かってくれる時代になった。技術的なこと言うと、漫才の雰囲気が悪くなってもギャグで立て直せるからね。なんぼでもできる。そういえば、最近の若手はギャグ持ってないね」

最近の若手のネタについて聞いてみると、「頭良すぎるね。緻密すぎる。ちゃんと見てないとよく分からんもの。分かったらおもろいんよ。でも難しいなぁ」。

その流れでいくと、最近は芸人こそちゃんとしてなきゃという風潮もある。コンプライアンスを求められすぎていないだろうか。というのも洋七師匠が愛される理由のひとつにトークで爆笑をとったあと、すかさず周囲から「ホラだ、ウソだ」とツッコまれる「芸」がある。みんな本気で否定しているわけではない。共演者も視聴者も笑っている。同じ芸人で何が違うのだろうか。

「確かに若手は、司会やっててもあんまり楽しくなさそうやな。でも俺だって何十年もウソつかん。その場や。楽しませるんや。世間が文句言いすぎやねん。この前も空港でテレビを見ていたおばちゃんたちが『この人、大っ嫌い』って画面の芸人を指差して言ってたんや。テレビのイメージだけでやで？　全員に好かれる人なんて誰もおらん。俺はそう思ってる。ビートたけしのスゴさは日本で一番売れてるのに、たまにとんでもない下品なこと言うことや」

たけしさんとの関係もあらためて聞いてみた。ブーム時もさることながら、師匠がいったん落ち着いてからのほうが、濃密な時間を過ごしていたように思える。

「いい出会いだったね。普通、売れなくなったヤツは誘わんよ。相手が売れたら悔しいけど、俺もへっちゃらやった。テレビに出なくなったら収入ゼロと思われるけど、講演会はあのころから週に2、3回やってたからね。地方でスター扱いされて、東京帰ってきたらたけしの料理作ってた。夕方頃にラジオの仕事終わって、ビルの下を見たらたけしの車が待ってるの。収録終わるまでメシ食うなよと言われてたから、じゃぁ、俺がメシ作るわって」

あれだけ売れたから、お金にはまったく困らない。楽しい日々がしばらく続いた。40歳ぐらいになったとき「洋七、なんか考えろ。仕事しろ」とビートたけしに言われた。「作家が旅館でなぜカンヅメになるか分かるか。締め切りがあるし、費用がかかるから何か考えないともったいないからだ」。旅館でカンヅメ生活を始めた。

「夜になったら部屋に遊びに来ていた従業員さんを笑わしていた。でも1カ月いたらさすがにネタがなくなってね。そこで子供のころの貧乏話をしたら大ウケしたんや」

これだ！　と思い、慌てて寿司屋にビートたけしを呼んで報告すると、面白いと言ってくれた。

「すぐに、本を出せ」

とりあえず自費出版で3000部を刷って講演会で売った。最初はその程度だった。

それから4、5年経ち「あの本は？　もう一回やれ。俺が面白いと思ってるんだから、とたけしが言うんや」。

2回目の自費出版はタイトルを変えて『佐賀のがばいばあちゃん』にした。九州で売れればいいと思った。気がついたら手売りで2万部を超え、新聞に紹介された。ついに出版にこぎつけた。

「10冊持って地方の本屋を回った。当時所属していた吉本の劇場だけでも2、3万部売った。あの本に関してはしつこかったね」

世間が『がばいばあちゃん』に気付いたとき、すでに40万部売れていた。そのあと400万部以上の超ベストセラーとなった。

こうしてみると、洋七師匠は「2回、とんでもなく売れた」ことになる。しかも瞬時に売れたB&Bと、じわじわ売った本と、両極端な売れ方を2回経験しているのだ。スゴい！

「旅館での、あのカンヅメ生活がなかったら、本は生まれてないね。だって、あのころも十分に食えてたから」と師匠は言う。

師匠、最盛期の年収はいくらだったんですか、と聞くと「8億4千万」とあっさり教えてくれた。

「よく考えてみ？　レギュラー19本にＣＭ11本に、営業料金が1千万というのもあった。断るために1千万言うたら、先方は分かりましたって言うんや。あの当時は押し入れに3億円入ってた。みんなオーバーだっていうけど嫁に聞いてみ」

実際にお会いすると、師匠はじっくり、ゆっくり、真摯に話をしてくださった。とてもじゃないけど、ホラだとは思えなかったのである。

追記

このお話を伺ったのが２０１６年4月。師匠が司会を務める『バラいろダンディ』（東京ＭＸテレビ）の、本番前の楽屋でした。

その1年後、私は同番組のゲストとして出演。師匠と本番のスタジオでも「話」ができて嬉しかったです。

ノッチ（デンジャラス）

あの『ボキャ天』の楽屋がお笑い界を変えたと思うんです

1967年11月17日、東京都出身。1988年、安田和博と「デンジャラス」を結成。オバマ前大統領のモノマネは本人公認。最近は「トランプ」のモノマネも披露。さらに近年は、日本一過酷と言われる佐渡国際トライアスロンAタイプも完走している。［公式ブログ］ https://ameblo.jp/nochyingmachin/

CIRCUSMAX2017年10月号取材

芸能界で何度も「確変」することの偉大さ。今回はノッチさんに話を聞いてきた。まず、90年代の人気番組『タモリのボキャブラ天国』（フジテレビ）でブレイクした「ノッチでーす！」はどうやって生まれたのだろうか。

「全て、タモリさんのお陰なんですよ。ボキャ天は3本撮りで、1本目でウケた芸人が次も収録できる、という流れだったんですね。僕らは当初ハマッていなくて、ある時に開き直って30歳過ぎのアイドルというネタをやったんです。マッチのパロディで〝ノッチでーす！〟と。全くウケませんでした。すると司会のタモリさんが〝ノッチでーす〟はいいけど、その手の広げ方だけはやめろ！　と何度もツッコんでくださって何回目かで突然ウケたんです。そのあとは収録も3本できるようになって。だからタモリさんのお陰で、ボクは何もしていないんです（笑）」

『ボキャ天』は爆笑問題、ネプチューンらの世代を一気に輩出しただけでなく、お笑い界にもうひとつ大きな影響を与えた。

「楽屋の風景です。それまでは芸人同士で仲良く楽屋で話してはいけない、という雰囲気がありました。ボクは（デビュー時に劇団でお世話になった）コント赤信号の渡辺正行さんに、そう教えられました」

実際に渡辺氏から注意を受けたこともあった。「お前ら、さっき他の芸人としゃべっていただろ。ここは学芸会じゃなくてプロの戦いの世界だ。楽屋では他の芸人をにらみつけるぐらいの気持ちでやらなければダメだ」と厳しく言われたという。実際に当時の関東芸人の楽屋は静かだった。

「（爆笑問題の）太田さんが楽屋で笑っているのを見たことなかったですよ。楽屋からワイワイしゃべって、それを本番でも生かす関西とは対照的だったんでしょうね」

確かに『すべらない話』は関東の楽屋の文化では生まれなかっただろう。

しかし、その空気が一変したのが『ボキャ天』だったという。

「大きい一緒の楽屋でしたから、後輩たちがどんどん話しかけてきてくれたんですよ。そのうち後輩にツッコまれるのが心地よくなってきて。太田さんもあの頃から楽屋で笑いだしましたね」

お笑い界にとって『ボキャ天』の与えた影響は色んな意味で大きかった。

そしてノッチは「オバマ」で再ブレイク。

「カミさんに〝オバマに似てる〟と言われてブログにアップしてもらったんです。そしたら翌日ヤフーニュースになって」

現在、ＳＮＳの投稿がきっかけで話題になる芸能人はたくさんいるが、ノッチはすでにあのころにブログ発信で世の中に響いたのだ。芸能界のひとつのひな型をつくったのは「オバマ＝ノッチ」だったのかもしれない。

「しかも当時は90キロまで太っていたのでカミさんにヤセろと言われまして、半年かけてランニングで20キロ近く落とした直後だったんです。ヤセたタイミングも、オバマさん登場にピッタリだった」

実は、あの『めちゃイケ』で岡村隆史もオバマの物真似を考えていて、スーツも発注済みだったという。

「タッチの差でボクの方が早かったので、岡村オバマは封印されたと。ホント、スゴいタイミングですよね」

やはり、この世界で何度も確変する人は運も持っていて、周囲の愛情にも十分すぎるほど恵まれているということか。

「オバマ後はトライアスロンに力を入れてます。高校時代に陸上をやっていたので。猫ひろし君もスゴいけど、ボクは距離にこだわりたい」

このアクティブさ。

「やってダメなら、また違うことをやればいいと思ってます」

おお、これこそノッチさんの「Yes We Can」なのだ！

追記

私が長年推察していた「東西の楽屋の違い」について、当事者のノッチさんに話を聞いて裏付けを取れた興奮回でした。

トランプ大統領よりも、やっぱりオバマです！

ノッチさん、ありがとうございました。

第5章

バカ売れしなくてもゴキゲンな人々

冷蔵庫マン

大学14校受けて全部落ちたら オヤジに「好きに生きろ」って 言われまして

1961年5月2日、千葉県出身。俳優として活動し、テレビドラマや映画などに出演後、93年よりワハハ本舗に所属。2005年前後からピン芸人としての活動も始める。オバマ前大統領と同い年。公式ツイッター→http://twitter.com/hiehie8

CIRCUSMAX2012年2月号取材

その男が舞台に登場すると、会場は何ともいえない幸せな空気になった。

男は真っ白に塗った段ボールを上半身にかぶり、自分を「冷蔵庫」に見立てている。

「ヒエ（冷え）、ヒエ、ヒエ～」と高いテンションで叫びながらダジャレを言う。そう、冷蔵庫だけに冷え冷えのギャグが売りなのだ。

「なんだあいつ、松茸狩りであんなに喜んだのに1時間も遅刻だよ。絶対許せねー」

「待ったぁ？」

「けっ！」

「松茸」と「待ったぁ？けっ」……。戦慄のダジャレである。最後に「さーむい！寒い！」と言い放ち、男は冷蔵庫の扉をバタンと閉める。

「お笑いライブを冷やしに来てやったぜ！」。彼はオバマ前アメリカ大統領と同い年。2018年で57歳になる。冷蔵庫マンは段ボール越しに「今がいちばん楽しい」と笑顔で語る。いったい、何がどうなったのか。

冷蔵庫マンこと飯塚俊太郎は昭和36年5月2日に千葉県野田市に生まれた。醤油で有名な「キッコーマン」の街でもある。市役所勤務の父親は厳しかった。飯塚は子どものころに父親と会話した記憶がほとんどない。父親に見ることを許されたテレビ番組はなぜか『必殺仕置人』（TBS系）だった。

「理由は分からないです。会話がないので」

次第に飯塚少年は母親が働く図書館に出入りするようになる。絵本を読んで空想するのが何よりの楽しみになった。

学校では空気を読まない子供で、自分が面白いと思うことを思うがままにやってクラスの人気者だった。中学、高校の学園祭では活躍し、学級委員長も務めた。よく告白もされた。

そんな飯塚の大きな挫折は大学受験だった。14校を受験してすべて不合格。世間では受験生の自殺が深刻な問題になっていた頃である。暗い部屋で落ち込んでいた飯塚がやっと電気をつけたとき、父親のシルエットに気づいた。そして初めて励まされた。

「俊太郎、好きなことをやれ」

父親の許しを得た飯塚は役者の夢に突き進む。東映演技研究所に入り、『特捜最前線』（テレビ朝日）などに出演。考えていたより早くテレビに出られた。テレビ東京の12時間超ワイドドラマ『海にかける虹～山本五十六と日本海軍』（１９８３年）では山本五十六の長男役に抜擢された。

「父親の山本五十六役は古谷一行さん、母親役は檀ふみさん。ほかにも池上季実子さんや、樋口可南子さん…スゴい役者さんばかりでしたね」

役者として、前途洋々かと思われた。冷蔵庫マンでは白塗りと段ボールでよく分からないが、実は飯塚は長身で濃い顔立ちの昭和系ハンサムなのだ。

そんなある日のドラマ収録の控室。テレビでたびたび見たことがあるベテラン女優が飯塚をひと目見て言った。

「あなた、文学座へ行きなさい」

飯塚はすすめられるまま、半信半疑で文学座（附属演劇研究所本科）を受験。すると、1000人の中から60人の研究生のひとりとして合格した。

「大学は14校も落ちたのに、なぜか〝俳優養成所の東大〟文学座には、すんなり受かっちゃって」

研究生となった飯塚は芝居にのめり込む。1年間の修業期間を経て、卒業生の中から若干名が研修科に進級するシステムだ。

飯塚は周囲から期待される存在だった。自他ともに認める有望株。しかし人生は分からない。誰からも「絶対大丈夫」と言われていた卒業試験に落ちてしまう。ショックの飯塚は、自宅で1週間ほど寝込んだ。

「文字どおり寝たきりになりました。食事のとき以外はずっと寝てて」

すると異変が起きた

「足の筋肉が衰弱してしまったんですね。歩行困難になったんです」

いつのまにか、歩けなくなってしまった。人間は1週間、本気で寝込むとそうなるらしい。

慌てた飯塚は体力回復のために、そして試験に落ちたショックを振り払うために、タップダンスを習い始めた。しかし想像以上の体力低下のところに急な激しい運動でヒザに水がたまり始めた。またしても歩行困難となってしまう。やっとの状態で病院に行くと、すぐに入院だといわれた。

飯塚はそのとき「ずっと芝居に突っ走ってきたからホッとしちゃって。入院してのんびりしよう。休息しよう」と思ったという。

「そしたらですね……」

何と、完全に歩けなくなってしまったのだ。

飯塚は本当の寝たきり生活になる。医師からはリウマチ性関節炎が原因かもと言われたが…。

「ああなった原因は、今でも分からないです。メンタルな部分も大きかったと思うんだよなぁ。でも人間の心ってスゴいよね」

寝たきり生活は数カ月続いた。飯塚はひとつの決断をする。もう親に心配をかけたくない。安心させたい。飯塚は退院後、地元の「NEC」に入社した。芝居の道をきっぱり辞めたのだ。

社会人として人生の再スタート。元来明るく、人気者の飯塚だ。会社にもすぐとけこみ彼女もできた。充実した楽しい日々が訪れた。「これでいい。良かった」。

そんなある日、飯塚は父親に呼ばれた。そこでまさかの言葉をかけられる。

「今のお前の顔は生き生きとしていない。俊太郎、もう一度芸能界に戻れ」

大学受験で14校落ち、暗い部屋で落ち込んでいたあの時とまったく同じ言葉を父親からかけられたのだ。「好きなことをやれ」と。

飯塚はすぐに上京した。知人に教えてもらった「ワハハ本舗」に入団した。すでにその時32歳。しかし演技の基礎があり昭和風の男前の飯塚は、ワハハ本舗の公演では真面目なセリフを照れずに言えば言うほど笑いをとれた。

また、飯塚はワハハ本舗の公演の他にも、様々な活動をしている。例えば、単身でニューヨークに乗りこみ、公園で「サムライ・スタンダップコメディ」と称して活動し、放浪したこともあった。しかし劇団主宰の喰始《たべはじめ》からは、いつもダメ出しを受けていた。「二枚目のお前がジョークを言っても、つまらないんだよな」と。

そんなある日、稽古場にあった段ボールを見て、絵本好きだった子供のころの空想がひらめく。飯塚は段ボールを「冷蔵庫」に改造しはじめた。それをすっぽりかぶり、ダメ出しを逆手にとって寒いダジャレを連発するスベリ芸にした。「冷蔵庫マン」の誕生である。飯塚が本気でダジャレを言えば言うほど「スベるんですよ」。

ヘンな幸運。

それ以降は各地のお笑いライブに出演しまくる日々が続く。「ラ・ママ新人コント大会」の名物コーナーであるゴングショーに20代の若手と一緒に出続けた。ブッチャーブラザーズが主催する「東京ビタミン寄席」でもおなじみ。冷蔵庫マンが出てくると、観客の誰もが弛緩した笑顔になるのだ。

2010年には49歳で結婚。翌年の6月3日には一般公募で『新婚さんいらっしゃい！』（テレビ朝日）に出演。番組内でネタも披露。ツイッターのHOTワードに「冷蔵庫マン」が一瞬だけ浮上した。

「今がいちばん幸せ」という飯塚。でも、「好きなことをやっているからね」というその言葉には、苛烈な人生と父親の言葉があったのだ。

今日もどこかで、冷蔵庫マンは冷え冷えのギャグを言っている。

小堀敏夫（ガッポリ建設）

俺たちは自分たちの
フィールドを作ってきた
ただの「コンテスト芸人」とは違うんだ

1967年7月10日、群馬県出身。ワハハ本舗所属。1997年に室田稔とコンビ結成。建設現場の労働者キャラでシュールなのかベタなのか分からない独特の世界観のコントを見せる。楽屋での盛り上げ隊長として、芸人仲間からの信頼も厚い。公式ブログ http://gapoken.jugem.jp/

CIRCUSMAX2015年12月号取材

東京の芸人なら誰もが知っている存在で、畏怖と親しみを一手に集めるコンビ、それが「ガッポリ建設」だ。とにかくタフで生命力にあふれ、今日もどこかでガッポリ稼ぐ。芸人らしい芸人がいなくなったとお嘆きのあなた、それなら彼らを見てほしい。

小堀敏夫と室田稔は、元々は落語家だった。小堀は三遊亭圓丈、室田は鈴々舎馬風に入門。

「何かを表現したくて落語家になったという感じ。で、知り合って数年たって二人会をやったんだけど、落語を一切やらなかった。トーク、漫才、コント。ライブ名が『ガッポリ建設』。当時から、お金が好きだったからね」

会は評判が良く、しばらくしてふたりは落語の世界を飛び出す。

「俺さ、顔がイイって昔からよくホメられるのよ。ハナ肇さんみたいだねって。モデル事務所にスカウトされちゃってさ」（小堀）

その事務所には、宝生舞がいた。

「姉さん、姉さんってヨイショして。スタッフさんにもヨイショして。ドラマ『ショムニ』（フジテレビ）に出させてもらったの」

その後も、ドラマ出演は続いた。現場で共演者やスタッフを常に笑わすふたりをみて、宝生舞はガッポリ建設をとことん気に入ってくれたという。

「わき毛を隠してイルカさんの『なごり雪』を歌うネタ、あの場で生まれたんだから。宝生さんは男気あふれる方でね。あるとき台本を見てガッポリ建設のふたりに一言でもいいからセリフを与えてほしいって制作の方にお願いしてくれてね。そしたら翌週ちゃんとセリフがついててさ」

役者業からお笑いに専念すべく、ガッポリ建設は「ワハハ本舗」に入る。当時（2003年ごろ）深夜番組では、ネタのオーディションがたくさんあった。

「百組ぐらいの中から、いつもウチらは本番に選ばれるのよ。その分、他人が売れる瞬間を横でよく見たなぁ。猫ひろし、アンガールズ、みんな横で見てたんだから」

ガッポリは次の作戦を考える。

「落語家時代に楽屋で聞いた話なんだけどさ、昔の『お笑い三人組』（NHK）の時代ってテレビ局の掃除したら気に入られて、テレビ出れたって師匠たちが言ってたんだよ。じゃウチらもやろうと」

狙いは当時絶頂の『エンタの神様』だった。ガッポリはエンタのスタッフルームをせっせと掃除した。

「いやー、スタッフさんに気に入られたね。よし、お前らのキャッチフレーズは〝いい人〟にしようって。8回出たけど、7回はヨイショのおかげかな（笑）」

このエネルギッシュさ、スゴい。しかし事件が起きる。

「たまたま長いネタを見せたら、スタッフさんが気に入ってくれて放送してくれたの。そしたら毎分視聴率をドカンと下げちゃったんだよ。4％も一気に下げたの記録だよって、後で感心されたもんなぁ（笑）」

ガッポリのうっかり。

そのあとふたりは、パンダのものまねもすることになる。ものまね番組に全員落選したと後輩から聞いたガッポリは「よし、俺らがお前らの仇売ってやる。一発くらわしてやる」。パンダのものまねで「かきまわす」つもりだった。ところが控室でグラドルたちから「カワイイ」と写真をせがまれる。スタッフにもウケてしまう。そのあと『あらびき団』（TBS）から何度も誘われた。パンダを出すと視聴率が上がるというのだ。そう、ガッポリはエンタの借りをパンダで返したのである。

テレビは、あくまでも活動をスムーズにするきっかけ。

現在、相方の室田は名古屋にある会社で働きながら芸人を続けている。活動は休止していない。

「ウチらはフィールドをつくってきたから。俺たちだけの。だから、体力使うんだよ。コンテスト芸人とは違う道。ちょっと体力溜める時期だよ、今は」

「俺たちのゴールは、お金なんだよね」。まるで情熱大陸のエンディングかのように小堀は語った。

ガッポリ建設。芸人から愛される芸人が、ここにいる。

※ここからは本誌の連載時には書ききれなかったことを。

タイトルは「ガッポリ芸人力」。

とにかくタフで生命力にあふれ、「営業の帝王」の異名も持つおじさんコンビ。私より年上で、尊敬するコンビでした。

なんせ、今では少なくなったらしいが、ちょっと前には、花見のシーズンだけでも営業で結構な額を稼いだという。

「24時間テレビ事件」というエピソードは強烈だった。

24時間テレビの制作にエンタのスタッフが深く関わった年があって、ガッポリ建設はお得意のヨイショで企画コーナーに潜り込む。それが『芸人100組集めて、優勝したら「サライ」を歌う』というコーナー。24時間テレビの深夜とかによくやってるヤツだ。

大喜利やクイズで、7組にしぼられる中でガッポリは残っていく。そこでガッポリ建設は見事に優勝。しかし、問題はそのあとの大喜利大会。

24時間テレビの「サライの意味は？」という問いに、ガッポリは「人さらい」と答えて大問題になった。優勝したけど、気まずいままだった。

私が真剣に書きたいのは、何でもして仕事をつくろうとするガッポリ建設のタフネスさだ。唸るしかない。そして後日、きちんとネタになっているところだ。

また、私がガッポリ建設を尊敬するのは「地下芸人」という言葉を嫌っていた点である。以前から地下芸人という言葉からは「好きなことをしていれば、売れなくてもいい」という〝甘え〟を感じて私は嫌いだった。他人がそう評価するならいいが、自分で名乗るものではないと思っていた。

どうやらガッポリ建設さんも同じ考えだったので、嬉しかったのだ。ともすれば「牢名主」「地下芸人の帝王」という異名に甘えてもいいほどのふたりが、当然のようにメジャーを目指していたのがとても好きだった。

ちなみにガッポリさんは地下芸人という言葉の代わりに「アパッチ芸人」という言葉を使っていた。素敵な書き換えである。

ガッポリさんはマニアックな芸人が好きな客層からも支持されていたが、ポップを目指していた。メディアでいかに顔を売るかと必死だった。その健全な野心が好きなのだ。
ガッポリ建設からは、まさに「芸人プレゼン力」という偉大なパワーを見せてもらったのだ。

追記

現在も小堀さんはピンで活動。毎日の生活にちょっと疲れた方は小堀さんのブログを読んで癒されてほしい。

中村シュフ

お仕事いただけるのは嬉しいんですけど、扶養家族の枠から外れないように…（笑）

1979年7月19日、埼玉県出身。家庭科、保健の教員免許（中、高）を持つ。06年「デニッシュ」で『M-1グランプリ2006』準決勝に進出。2010年コンビ解散し、翌年結婚。専業主夫としてブログを開設し、注目される。著書に『主夫になってはじめてわかった主婦のこと』（猿江商會）。http://nakamurasyufu.jugem.jp/

CIRCUSMAX2015年8月号取材

ここで紹介するのは「究極の芸人」かもしれない。売りは「主夫」という、中村シュフである。奥さんが外で働き、中村シュフは家事を本業にする。最近その「活動」ぶりが注目されているのだ。そもそも、中村は大学の家政科に通い、家庭科と保健の教員免許を持っていた。なぜ家庭科を？

「ボクが高校に入学するころから家庭科が必修になったんです。男子校なのに家庭科の教室もできた。よし、時代はこれだと。それと…」

それと？

「もし芸人になったとき、家庭科の免許を持っていたら面白いかなと」

この時点で、中村には芸人への憧れがあったのだ。そのとおり、中村は就活せず卒業後にそのまま芸人になった。高校時代の友人と組んだコンビは2年で解散したが、山中伊知郎の主催する浅井企画お笑いセミナーで知り合った宮下覚とコンビを組む。新コンビ「デニッシュ」は、漫才コントの設定を次々に変えていくという斬新なスタイルで、その年の『M-1グランプリ2006』に出場。いきなり準決勝に進出した。単独ライブも次々に成功させ、注目の若手コンビとなっていった。しかし、4年後に解散。

「0・1秒でもネタの間合いにこだわる、彼の完璧主義さに参ってしまって。今思えば、彼に悪いことをしました」

別れた相方はその後、ピン芸人「ミヤシタガク」として『R-1ぐらんぷり2014』で決勝進出した。

中村の芸人人生が激変するのは、ここからだ。コンビを解散してすぐ、彼女から「家庭に入ってもらえませんか?」とプロポーズされた。家庭科のプロ・中村には、ピッタリのオファーだった。

「言ってみれば、ボクは芸人を退職して家庭に就職し、専業主夫になったんです。これにて人生の選択は終了したのだ、と思ったのですが…」

その変わったキャリアに目を付けた先輩芸人のサンキュータツオが『東京ポッド許可局』に出演するよう誘ってくれた。番組で中村は主夫として「家事の心得」をタツオ、マキタ、鹿島にプレゼンした。たとえば家事には流れが大切である、と。

「本当のお手伝いとは、料理などのハデな家事より、流れを壊さない〝三大お手伝い〟のほうがよっぽど助かるんです。『ゴミ捨て』『座りション』『ありがとう』のことです。座りションはトイレが汚れない予防的なお手伝い。そして『ありがとう』の言葉があるだけで、家事の効率は上がる。ハデな家事はかえって邪魔なんです」

これらの分かりやすいトークは大反響を呼んだ。この知識と実践は需要があるだろうと感じた我々は、中村に芸名を「中村シュフ」と改名することを薦めた。

その後、ブログ「主夫の友」を開設し、日々の生活を更新すると、次第に取材や雑誌連載、講演などの依頼がきた。2015年3月には『主夫になってはじめてわかった主婦のこと』（猿江商會・刊）を出版した。

中村シュフこそ、今の時代の芸人なのかもしれない。舞台に上がっていない、ネタもやっていない。それどころか、常に家にいる。でもメディアに重宝される情報と話術がある。誰にもマネのできないオリジナリティを持っている。これぞ、芸人ではないか。男女共同参画社会というなら、これからますます気づかれるはずだ。

今後の課題を聞くと「103万円の壁です」と語る中村シュフ。パート収入額が多くなりすぎると「配偶者控除」が使えなくなるというアレだ。ああ、もう面白い。

これから「中村シュフ」にますますお声がかかると〝主夫なのに家事ができなくなる〟という矛盾も発生する。ああ、やっぱり面白い。

追記

現在は、ふたりの子育てに追われながらも執筆や講演活動もこなしている。

横須賀歌麻呂

どんだけ引かれても、
シモネタをやるのが一番楽しい

生年月日不詳、静岡県出身。下ネタを武器とする“メディアに出せない”地下芸人。現在まで、事務所に所属したことはなく（預かりはあり）、独自のフリー路線で芸歴18年。芸人ライブや、単独公演ライブなど舞台中心に活動を続けている。本人ツイッター https://twitter.com/yokosukautamaro

CIRCUSMAX2014年2月号取材

お笑い界の一大イベントといったら『THE MANZAI』や『R-1ぐらんぷり』だが、地下お笑い界には『下-1グランプリ』という大会がある。文字通り、シモネタの王者を決めようという大会である。

2013年、第5回の「ハレンチ最低演芸悪夢の祭典」（イベントHPより）を制したのはピン芸人「横須賀歌麻呂」だった。

横須賀歌麻呂は「友達以上シックスナイン未満」「ちょっぴりエッチなピーターパン、略してちょぴたん」などのキャッチフレーズを引っさげ、「寝ている間にバイアグラを投与され、勃起したチンポに爆弾を仕掛けられ、そのチンポが萎んでしまったら爆発する」などの、ひとりコントを繰り広げる芸風だ。

ちなみにこのコント、本人は「分かりやすく言えば海外ドラマの『24』みたいなものです」と言うが、分かりやすくないたとえだ。

横須賀は芸歴23年。長い。ダウンタウンの熱狂的なファンで、当然のようにこの世界に入った。地元静岡の友人とふたりで1995年に上京して、コンビ活動を始める。やがて、実家の事情で相方は地元に帰った。

ピンになった横須賀は、ネタ中に自分が好きなシモネタも入れるようになった。しかし、お笑いライブには女性の観客が多い。女子がどんどん引いていくのが分かった。

「だけど舞台袖の芸人仲間が笑ってくれて。嬉しかったんですよ」

それがエスカレートしていくと、横須賀は先輩からアドバイスされる。「シモネタはやめたほうがいい」と。わざわざ若手のうちから、メディアに向かないシモネタをやることはないという温かい助言だった。

横須賀はシモネタをカットし、新しいネタをつくって次の舞台に出た。しかし…。シモネタをなくしたら、余計にスベッた。そのとき気づいたという。

「だったら、好きなことを全力でやろうと。本人がやりたくないことより、やりたいことをやろうと。それでスベッたら納得がいく」

「究極のシモネタ芸人・横須賀歌麻呂」の誕生である。

その熱が伝わったのか、腹をくくった姿勢が良かったのか、以前よりウケはじめた。男性客は喜んでくれた。では、女性客の反応はどうだったのか。

「こういうヤツだから仕方ないとあきらめてくれたのか、笑ってくれる女性客が増えましたね」

それ以降、シモネタ芸人としての地位を着々と固め、単独ライブも重ねていった。

「客層は男女半々くらいなんですよ。30代以上で大人が多いかな」

芸人は「好きなこと」をやって生きているイキモノだが「本当に好きなことだけ」

をやって生きていくには覚悟が必要になる。

「ティッシュ配りのバイトをやってます。週に5回はやってますね」

屈託なく笑顔で語るが、メディアへの興味はまったくなくなったわけではない。

「普通の若手芸人より強力なキャラや、存在感はあると思う。自分に合った出方もあると思う」

自分でもいろいろ模索している。

Amazonで横須賀歌麻呂の商品が売られてたらそれだけでおもしろいと考えてDVDを出したり、「YouTube に人気アイドルグループの下ネタ替え歌をアップし、検索に引っかかりやすくしてみたらどうか、などいろいろ考えているという。芸人としてネタは知ってもらいたい。地下だけでなく、世間にシモネタをさらけ出そうとしている。

最後に年齢を聞くと「あ、それは非公開なんです」。シモネタ芸人にもNGがあったのは、妙に親近感が増した。

追記

取材当時と変わらないマイペースで活動中。

よしえつねお
両国国技館のリングでは
シモネタ禁止でしたね～（笑）

1972年8月2日、群馬県出身。弟はプロレスラーの吉江豊。ワハハ本舗所属を経て、現在はフリー。西口プロレスや、ハナヤシキプロレスなどに参加、人気お笑いレスラーとして活躍。芸人としても全国のお笑いライブ、営業などを多数こなしている。http://yoshietsuneo.blog.players.tv/

CIRCUSMAX2015年10月号取材

元・横綱の曙といえば、プロレスラーとしても大活躍（現在リハビリ中）。あの強さと巨体は、健在であり、2度の三冠ヘビー級王座も獲得している。その曙と戦った芸人がいるのだ。しかも聖地・両国国技館で。彼の名は「よしえつねお」。

「いや〜、曙さんは大きかったですね〜。あとですね、あの大会はチケットノルマも大変でした。ハイ」

よしえつねおがリングに立ったのは「佐野直万博」という、インディーズのレスラーが集合した大会だった。よしえは曙と1対5のハンディキャップマッチで対戦した。彼のファイトスタイルは、アニマル浜口のものまねをしつつ、シモネタを繰り広げるモノ。

しかし、曙についに捕まった。ああ、よしえ目がけて曙がボディプレスで空を飛ぶ。運命や、如何に⁉

…そもそも彼はなぜ、曙と戦うまでになったのだろう。

「今はプロレスと芸人の割合は9対1でプロレスですね」と、よしえは笑顔で言ってのける。「あ、でも明日は三島のフィリピンパブで営業なんですよ。静岡県に鈍行で行きます」。精神的にもタフそうな男だ。

よしえは、群馬の高校を卒業して地元の大手商事会社に就職。車の保険営業を担当していた。ちゃんと営業はできたのだろうか。

「保険を取れたお客さんの車を運転していたら、ぶつけてしまって。そのお客さんに、よしえ君の保険に入っといてよかった、と言われましたね〜」

会社に戻り、事故の報告。保険の担当者欄が自分。事故を起こした人物の欄も自分……ややこしかった。よしえは愛されながら、この会社で6年半勤め上げた。なぜ、会社を辞めたのか？

「もともと芸能界に憧れていたんです。弟に相談されたとき、好きな道に進め！と言った手前、僕もそうしようかと」

よしえの弟は「吉江豊」というプロレスラーだ。デビューは新日本プロレスで、現在はフリー。その160キロの巨漢は、プロレスファンなら知らない者はいない。そんなビッグな弟を持つ、よしえつねお。憧れの道を順調に歩む弟に刺激を受けたのだ。

満を持しての上京後は小劇団に入り、下北沢周辺で役者活動をした。チケットノルマをさばきながら、よしえはピンネタもやりはじめる。浅草のスパの営業で知り合った芸人たちと交流を持ち、次第に芸人活動に軸を置いていった。「ラジークイーン」というトリオを組み、ワハハ本舗に所属することになる。

ワハハには全国を巡る本公演があり、他の事務所の若手と比べたら金銭的には恵まれていた。しかし、よしえは数年で退団してしまい、トリオも解散するのだ。

「就職もそうでしたけど、自分は安定して落ち着くのが苦手なんですかねぇ。一匹狼なんでしょうね」

一匹狼という自己申告は盛りすぎだが、寅さん的な性分なのだろう。

ピンになったよしえは、今度は芸人プロレスでおなじみの西口プロレスのリングに上がることになる。ついに偉大な弟にも近づいてしまった。リングに上がるよしえに弟は何かアドバイスを送ったのか？

「とりあえずアゴを引け！　と言われました」

そして、冒頭の曙戦の話に戻る。

「いや～、目の前に曙さんがいる。不思議でしたね～。最後、曙さんの体が飛んでボクに迫ってくる。一気に視界が暗くなって…」

息ができないまま、試合終了である。何とかリングから生還できた。

他に誰か大物と戦ったか尋ねると「大仁田厚さんですね～」。

それもスゴい。「大仁田さんには有刺鉄線バットで殴られて流血しましたね～、ハイ」。

お笑いのレジェンドよりも、レスラーのレジェンドと次々に絡む男。こんな芸人も珍しい。今後はどうなっていきたいのか。

「ハイ、ボクを育ててくれたプロレス界に恩返ししたいですね～」

お笑い界じゃないのかよ！

追記

プロレスを観に行くと、客席やリング上でよしえつねおを度々見かける。

チャンス大城

心臓が右側にあるんで中学生時代のアダ名「サウザー」でした

1975年1月22日、兵庫県尼崎市出身。大阪NSC8期生・13期生。吉本興業脱退後、上京してお笑い活動を開始。2003年頃からピン芸人として活動、09年よりフリー。学生時代のイジメられエピソード、内臓逆位など特異なネタを数々持つ。https://twitter.com/ooshirofumiaki

CIRCUSMAX2013年2月号取材

大晦日の格闘技のチケットを、急に2枚もらった。

こういうとき誰を誘うか。大晦日だから急に誘うのは気を使う。結果的に、チャンス大城と行くことになった。

一切、気を使わないからだ。

電話をすると「昨日、八王子の営業で予想以上のギャラもらったんで朝から歌舞伎町の寿司屋で飲んでます。これからサウナ行こうと思ってたんですけど、格闘技つれていってください」という返事。去年の大晦日は家族と温泉で過ごしていたのに、今年はこいつと過ごすとは。

しかし、このチャンス大城、ここにきてじわじわと注目を集めている。お笑いファンからすれば「正体不明の怪奇派レスラー」的な存在かもしれない。

2017年12月に放送された『とんねるずのみなさんのおかげでした』(フジテレビ)の人気企画『細かすぎて伝わらないモノマネ選手権』において、大城は小出真保(太田プロ所属のものまね芸人)とのユニットで出場。ドキュメンタリー番組『ザ・ノンフィクション』(フジテレビ)に出てきそうなダメおじさんを演じて優勝。そして2018年1月20日放送の『すべらない話』(フジテレビ)にも出演。10代の頃に山に埋められた話などを披露して話題を集めた。

この大城という男、半生が『ザ・ノンフィクション』であり『すべらない話』。私が好きなのは「野犬」の話だ。

大城は尼崎の定時制高校に通っていた。夜間クラスにも文化祭のシーズンがやってきた。ホームルームで決まった出し物は「ドッグレース」。

犬はどうやって用意するのかと思っていたら「同級生」のトラック運転手が「大城、捕まえに行くぞ。助手席に乗れ」。

工場の空き地まで行くと野犬がいた。年上の同級生の命令を受け、大城は必死で野犬を捕まえた。車の中で野犬の背中にスプレー塗料で「ゼッケン」を書いた。学校につくと、またもや野犬に噛まれながらゲートに必死で入れた。

しかしゲートが開いた瞬間、野犬たちはコースなど目もくれずに好きな方向へ散った。だって野犬だから。露店の食べ物は野犬にめちゃくちゃにされた。

野犬といえばこんな話もある。大城自身もヤンチャなところがあり、父親が寝ている部屋に野犬を放したことがあった。すぐに父親の悲鳴が聞こえた。

そのあと大城はずっとトボけていたが、翌週に家族行事として教会へ行ったとき（一家でキリスト教徒）、懺悔を決意したという。

「懺悔をしなさい」

牧師は小窓の向こうから諭してくれた。大城は父親の部屋へ野犬を放った罪を告白した。次に大城の父親が懺悔の部屋に入った。野犬に噛まれて包帯だらけの父親の顔を見た瞬間、牧師の「小窓」は高速で閉まった。本人登場に、牧師は笑いをこらえて肩が揺れていた。

この手の話がわんさか、チャンス大城にはあるのである。これらを私がやっている『東京ポッド許可局』というポッドキャスト（当時・現在はＴＢＳラジオ）で２０１１年に配信したら、すさまじい反響があった。それ以来「チャンス大城のすさまじい話」として知る人ぞ知る話芸になった。「これで『すべらない話』に出れたら最高だよなぁ」と大城と話していた。かなわない目標だと思っていたが、じわじわと浸透して今年出場できた。人生は分からない。

舞台に出ていくと「どーも、アマチュアのホームレスです」と名乗ることもある。ほぼ金欠で、公園でワンカップを一晩中「仲間」と飲む。これまでどんな芸人人生を歩んできたのか。

大城はずっとイジメられっ子だった。「尼崎のイジメられエリートでした」。メロンを盗んで来い‼　という先輩の命令は、最終的に「霊柩車を盗んでこい」になった。

「あとで散々謝りましたが、その時は必死で。だって免許取って最初の運転ですよ！」

死にもの狂いで霊柩車のハンドルを握って運転したら、先輩が指定した行先はバーベキューができるキャンプ場。どうにか着いて、霊柩車からおりてくる大城を見たキャンプ場のおばちゃんは「その車は焼くモンが違うやろ！」。

大城は心臓が右にある。医学用語では「内臓逆位」という。名作マンガ『北斗の拳』にも内臓逆位のキャラがいたため、付いたニックネームは「サウザー」。ある日その噂を聞きつけた隣の中学の番長がやってきた。

「オイこら、サウザー出てこいや！」

校門で叫ぶ番長に、大城は慌てて駆けつけた。

「……どうもサウザーです」

弱々しく自己紹介する大城を見ながら、全校生徒が窓から指を差して笑っていた。

そんな大城が中学2年の時だ。『4時ですよーだ』（司会ダウンタウン・毎日放送）に出演した。素人コーナーに『F1レースを口マネする』ネタで応募。なぜ出ようと思ったのか？

「みんなが大好きな番組に出てウケれば、もういじめられない…と思いまして」

果たしてネタはウケた。調子づいて「吉本に入ります」と宣言。

翌日、大城が登校すると大騒ぎになった。「サウザー事件」では全校中から指を差されて大笑いされたが、今日はみんな嬉しそうに大城を窓から指差した。ついにヒーローになったのだ。昼休みにはちょっと綺麗なヤンキー姉さんグループに呼ばれ、ネタを目の前でやってみせた。夢のようだった。

しかし学校中が大城を温かく迎えるなか、いつものイジメっ子はいつもどおりだった。「おい、賞品のセガ・マスターシステムよこせ」。大城の夢心地はすぐに終わった。「一瞬のヒーローの日」が忘れられない大城は芸人になることを決意。翌年、中学3年のときに「大阪NSC」（吉本総合芸能学院）に入学した。同期の8期生には千原兄弟、FUJIWARA、バッファロー吾郎（敬称略）という錚々たるメンバーがいた。大城は船木誠勝ばりのエリートだったのかもしれない。

「季節が変わったころ、（千原）せいじさんが弟を連れてきたんです。で、ネタ見せの順番を書く黒板に『千原兄弟』ってサッと書いたんです。わー、かっこええなぁと。そしたらネタもめちゃくちゃ面白くて」

大城は歴史的瞬間を見たことになる。

何もないままNSCを卒業してしまった大城は、定時制高校を経て、なんとまたNSCに入る。面接で「また君か」と校長に言われた。8期生と13期生。大城は「吉本に入ります」という言葉を追いかけた。

しかし吉本で売れるという夢はかなわず、１９９８年に上京して大川興業に入団。ここで私（プチ鹿島）と出会う。芸歴では、はるかに大城が上だが、大川興業では入団した順に先輩後輩が決まる。千原兄弟さんらと同期のチャンス大城が、私にとっては１期下の後輩というのは、そういう関係性があるからだ。

大城と共に新人若手時代を過ごしたが、２０００年代中盤に私も大城も大川興業を退団してフリーとなった。そのあと私はオフィス北野へ入ったが、大城はフリーのまま。知る人ぞ知るマニアな芸人として「地下」で活動。千原せいじさんは自分が経営するラーメン屋で大城を働かせてくれた。そのときの大城のセリフを私は忘れない。

「いや〜、同期ってありがたいですわ〜」

面白いけど陽の目を見ることはないと思われていた地下芸人の雄だったが、ここ数年、千原兄弟さんらと再び出会って大城の露出の場は増えた。地下に潜伏していた男がよろよろと出てきて、最近はちょっと日光がまぶしそう。

裏街道から中央への異例のスロー進出である。

ちなみに、大城はまだセガ・マスターシステムをいじめっ子から必ず取り戻すつもりでいる。

第6章

プチ鹿島という芸人幸福論

松本ハウス

10年かかってもいい、
またやりたくなったらやろう

1991年、松本キック（写真右・1969年3月8日、三重県出身）、ハウス加賀谷（写真左・1974年2月26日、東京都出身）で結成。『タモリのボキャブラ天国』（フジテレビ）などで活躍しブレイクするも、ハウス加賀谷の統合失調症が悪化、99年活動休止。09年「JINRUI」として復活。2011年よりコンビ名を「松本ハウス」に戻して活動中。著書に『統合失調症がやってきた』（イースト・プレス刊）『相方は統合失調症』（幻冬舎刊）。公式ブログ→http://projectjinrui.jugem.jp/

2018年4月27日取材

今回は、私が芸人人生で最も衝撃を受けた「松本ハウス」について書きます。松本ハウスは松本キック&ハウス加賀谷による漫才コンビです。私が大川興業に入ってすぐの1997年にフジテレビ『ボキャブラ天国』でブレイク。

ライブでは女性客が松本ハウス登場にキャーキャー言いつつ、ネタが始まると爆笑していた。新人の私は舞台袖で圧倒され、感動しまくりでした。しかし絶頂時の99年に松本ハウスは突如としてメディアから姿を消した。加賀谷さんが統合失調症になり、闘病生活が始まったのだ。コンビは事実上の解散。松本キックさんは役者やピン活動をはじめる。

10年の時を経て2009年に再び復活。

この間の経緯を書いたものが2013年に出版された『統合失調症がやってきた』(松本ハウス/イースト・プレス刊)だ。

私は松本ハウスをこの世界で最初に間近で体験できたからこそ、その後いろいろ芸人を見てもあまり驚かないですんだ。

驚かないというのは、舞台上のネタもそうですが、芸人としての「資質」「圧倒」という意味である。松本ハウスは新人の私を、ただただ驚愕させました。

ここからは私の松本ハウス体験を書いていこう。

私にとって『統合失調症がやってきた』は青春本なんです。

私がこの世界に入ったとき、松本ハウスはまさにブレイク直前だった。大川興業というと男好きのする笑いで男性客が多いイメージですが、松本ハウスには女性ファンも多かった。そして男性ファンも松本ハウスでゲラゲラ笑っているという、本当に「強い」コンビだった。

今でも覚えているのが本公演での稽古だ。大川興業はお笑いライブもやっていましたが、本公演に何よりも主軸を置く、劇団に近い形態の集団でした。

私が入ったのは小劇団の憧れとして名高い下北沢・本多劇場での本公演を1カ月後に控えた大忙しの時期。

本公演は大川豊総裁の脚本・演出です。総裁の物語の作り方は「エチュード（即興劇）」を多用していました。

総裁がシーンやテーマを考え、エチュードをする人を指名して展開をつくっていく。そこで指名されない人も「俺ならこうやる」と考えながら見守ります。図々しくも新人の私もそうやって見ていました。何パターンも人やセリフを変えて、面白かったエチュードを煮詰めて台本をつくる。そして本公演を完成させる。「芸人」より「喜劇人」に憧れていた私は、そんな大川興業の本公演が好きでした。

私が驚いたのは、稽古中に松本キックさんが総裁にどんどん進言することです。キックさんより先輩の方達も「キックが発言するのは当然」みたいな空気だったし、何より総裁もウンウンと頷きながら聞いていた。

「ああ、キックさんは自分のコンビだけでなく、総裁のブレーン的なこともできる人なんだ」「キックさんの才能は、すでに共通認識なんだ」と気づきました。大川興業に入って3日目ぐらいで。

加賀谷さんのネタ以外のスゴさも本公演で知りました。そのときの本公演の主役は加賀谷さんで「多重人格者」を見事に演じ分けていました。公演後のアンケート整理も新人の務めなのですが「加賀谷は天才！」という感想でビッシリ埋め尽くされていました。つまりこの世界に入っていきなり「松本ハウス」に圧倒されたのです。

しかもですよ、舞台上だけでなく日常のふたりにはもっと圧倒された。

加賀谷さんは、まず普段から話してる内容のレベルが高すぎた。中学の時に読んでた本の話になったとき「父親の本棚にあったアメリカの戦略防衛構想（通称スターウォーズ計画）についての本だったね」とか言ってる。こちらは口あんぐりです。

しかもどこか言いようのない雰囲気があった。「上品」という言葉では現せない感じ。これは何なのだろう？　と。そのうち、分かりました。

漏れ伝わる話から、加賀谷さんのお父さんは某大新聞の重役で、お母さんは「電車移動もしたことがないお嬢様だった」ということを知ったのです。

子供のころの加賀谷さんの写真を見せてもらうとヴァイオリンを弾いていたり、肩の上に小鳥が乗っている！　つまり本物の超ボンボン！

長野出身の田舎者の私は「東京のエリート」を初めて生で見たのです。オラ、ビックリしただ。育ちの良さだけでなく、頭が良くてどんな話も知ってる東京人を初めて生で見た。

実際、加賀谷さんは東大進学を目指していたらしい。「だから、頭がクラッシュしちゃったんだよ」と当時から言ってましたが『統合失調症がやってきた』にはその生い立ちも含めすべて書かれています。いちいちエピソードが衝撃なので読んでみてください。

さて、松本キックさんです。

キックさんは、四六時中ネタのことを考えている人でした。舞台上だけでなく、何か興味があることが起きれば現場に駆け付けてネタにしてしまう。そのフットワークの軽さには影響を受けました。

そんな松本ハウスが絶頂のころです。

『一九九九年、十二月末。松本ハウス結成から八年。ハウス加賀谷は、突如としてテレビの世界から姿を消した』

『統合失調症がやってきた』の冒頭の文です。

加賀谷さんの壮絶な闘病が始まるわけです。本書はそれがメインだろうし、実際に構成もそうなってます。

しかし、それは一方で松本キックさんが「ひとり」になった始まりでもあるんです。私は当時キックさんとよく行動を共にしていたから、すべて生々しい。

ある日突然「松本ハウス」はいなくなった。

キックさんはどうしたか。笑みを浮かべながら「お前ら(若手)と何かやろうかなぁ」と言ってくださった。

その言葉通り、新人公演の脚本・演出をやってくださった。

それだけでない。新人公演が終わっても毎週「ネタ見せ」として、キックさんがネタを見てくれた。つい先日まで売れに売れていて、どうやったらあんなネタつくれるんだろと思っていた「お笑い司令塔」の松本キックさんが、我々若手のためだけに稽古場で一緒の時間を過ごしてくれたのだ。

何か申し訳ないやら、嬉しいやら複雑な毎日だった。でも正直、私は発奮しました。

キックさんに認められていくのが、嬉しくて仕方なかったのだ。

で、私は2003年に「俺のバカ」という漫才コンビを結成します。レスリングが得意なバカキャラの新人と組みました。

彼にどこか加賀谷さんのピュアさを感じてくださったキックさんは、僕らをとても可愛がってくださった。「俺のバカ」というコンビ名も考えてくれたほど。

当時、キックさんはピン活動のほか役者業も開始していた（今から思い出すと、デビューしたての黒木メイサさんとも共演していました）。

その一方で若手への「授業」は毎週無償でやってくださっている。キックさんのアドバイスは、まるでお笑いの方程式を知っているようだった。アドバイスされたとおりにライブでやってみると確実にウケるのだ。

もしキックさんにその気があったなら、放送作家やお笑いの講師としても引く手あまたになったに違いない。これは当時から思っていたことです。それをボランティアで、若手のためだけにやってくれている。

当時、名古屋から上京してきた青木さやかや、松田大輔（現・東京ダイナマイト）もキックさんを慕ってネタ見せに来てました。「お前らも青木みたいにどんどん聞いてくればいいんや。俺は教えるぞ」とキックさんが言ってくださったので、私たちのコンビは通常のネタ見せとは別に補習をお願いしました。

するとキックさんは毎週、丸一日我々コンビのために付き合ってくださいました。

「キック塾」のスタートです。

徐々に我々は女性客が多いライブでもウケるようになり、名高いライブのオーディションにも次々に合格しはじめました。

そうなると今度は『エンタの神様』とかネタ番組からいろいろ話がきた。大川興業のライブでもトリをとることができた。これ、すべてキックさんのおかげです。

そんなある日、２００６年です。いつものように我々コンビとキックさんは稽古場でキック塾をやっていました。休憩のとき、キックさんから大川興業を退社すると聞かされました。役者業を中心にやっていきたいと。

私は即座に言いました。「俺たちも辞めます」。

誤解がないように言っておくと、キックさんと相談して大川興業を辞めたわけではない。我々コンビの即決でした。

それなら我々も勝負に出よう。キックさんに学んだネタをもとに、フリーとなって挑戦してみようという明るい決意でした。

結果的に、相方はそのあと半年で、パイロットを目指して芸人廃業という展開になり（まさに愛すべきバカでした）、私はひとりになるのですが、フリーとなって「何でもやってやろう」という気になったおかげで今に続いています。不思議なものです。それから数年後、松本ハウス再結成の報をキックさんから聞きました。加賀谷さんが10年ぶりに帰ってくる！　こんな興奮はありません。

復帰の単独ライブは思い出深い「北沢タウンホール」。かつて大川興業が超満員のお客さんを集め、月イチでライブをやっていた会場です。高田文夫先生のプロデュース「ＯＷＡＲＡＩゴールドラッシュⅡ」の会場です。私にとっては、いつもそこで松本ハウスがガンガン爆笑を取るのを隅で見ていた、青春の地です。

松本ハウスも私も、その復帰当時はまだフリーだったので完全な「手作りライブ」。どうなるかと思ったら、あのころのようなお客さんの長蛇の列でした。女性ファンも男性ファンも、一緒に歳を重ねていたような優しさを感じました。

復帰ライブが終わったあと、私は「俺らの面倒を見てくださっていたあのころ、キックさんはいつか加賀谷さんが帰ってくる日を、どこかに思い描いていたのかなぁ」と何となく思っていました。

しかし『統合失調症がやってきた』を読んでみると、キックさんはそんなフワフワした気持ちで「あの10年」を過ごしていたわけではないことが分かります。加賀谷さんを慌てさせないよう、優しく気遣っていたのも分かります。

気遣いの例として「10年かかってもいい、またやりたくなったら言ってこいよと加賀谷には言っていた。そうしたらホントに10年後に戻ってきた（笑）」とキックさんは後年言ってます。

でも私は、しみじみ思うのだ。加賀谷さんが戻ってこない可能性のほうが高かったはずだ。たまたま10年後に復帰したが、こんなに未来が分からない10年を、人は笑顔で冷静に過ごせるものだろうか？　と。加賀谷さんや我々後輩のために、こんなに時間を使ってくれるものだろうかと。そんなことができるのは、キックさんだけ。

私が松本キックさんを尊敬するのは、芸人としてだけではありません。人としての器のデカさ、カッコよさなんです。ジタバタしない、静かなやさしさに満ち溢れているのです。強さが同居しているから、そう振る舞えるのだと思います。

私は必ずキックさんに恩返しをしなければ。その一念です。

あと何度も言いますが、加賀谷さんと過ごした時の「どうやってもかなわない感」。天才を間近で体験できたのです。

そんなスゴすぎるコンビをあらためて『統合失調症がやってきた』で思い出したのですが、かなり反響があったのか、２０１６年に『相方は、統合失調症』（幻冬舎刊）

が続編的に出ました。今度は松本キックさん名義の単著です。

この本ではハウス加賀谷さんとの「コンビ復活後」のことが書いてあります。順風満帆だったのか？

いや、「以前はできたことができない」という苦悩に襲われたのです。

というのも、加賀谷さんは瞬発力抜群の天才芸人だったからこそ、10年のブランクが大きかった。

私もその辺は目の当たりにしてますし、実際にキックさんから直々に感想を求められたことがある。

苦闘の末、ふたりはどうなったか。

松本キックさんは過去の姿を追い求めるのではなく「できない自分を受け入れること」「今の自分を受け入れること」「新しい自分を生きること」に気づいたという。

剛速球投手が、歳月を経て変化球で打ち取る術も手に入れたような感覚だろうか。身をもって取得した「今」。

お笑いも人生も、色んなことを教えてくれる松本ハウス。私が一生尊敬するアニキです。

単行本スペシャル鼎談

松本ハウス

プチ鹿島

「ブレインブレーキ」みたいなのが入っちゃうの！

コンビ復活して9年。復活も奇跡だったが、その後の「日常」も大切だった松本ハウス。書籍化を記念して、尊敬する永遠の兄貴ふたりに今年の春、会ってきました。私にとってもスペシャルな鼎談です。

ではどうぞ。

松本　久々の仕事やね。

加賀谷　久々。

鹿島　いやいや、講演会とかで忙しいんじゃないですか？

加賀谷　入院してたのよ。

松本　で、退院したけどしばらく様子見なきゃいけなかったから、俺ひとりで講演会回ってて。

鹿島　入院はどれくらいの期間ですか？

加賀谷　年末、最終日に駆け込んで2カ月ちょっとかな。薬が定着するのにだいたい4週間から6週間かかるから、3月いっぱい病院と同じ生活してってくれって言われて。とりあえずコンビニで飯買って、ゴロンと横になって本読んで…を繰り返してたら、エラい太っちゃって衣装が入らなくて、これはマズいと思って。

鹿島　コンビ復帰って、もう10年ぐらい前ですよね。

松本　そうだね、あれ2009年だから、9年前。

鹿島　そこから万々歳で復活かといったら、過去のイメージがあまりにも強くて、なかなかうまくいかなかったっていうのが、スゴく沁みて。

加賀谷　ぜんっぜん、うまくいかなかったよー！

鹿島　ふたりとも「こんなはずじゃない！」みたいな感じだったんですか？

加賀谷　思い方はそれぞれかもしれないけど、僕個人としては、何でできないんだろうっていうのがね。できるはずなのに、何でできないんだろう？　っていうのがずぅーっとあったの。

鹿島　それは記憶がちょっと覚えにくいとか、忘れやすいとか。

加賀谷　認知機能の障害っていうのがあるんだけど、記憶力の低下が激しかったりするのはあるよね。昔は緊張もあんまりしなかったのよ。

松本　昔は、いい緊張感持って「よっしゃ」って感じだったのが、今はスゴい緊張するんだよ。

加賀谷　ものすごいバリア張っちゃって、危機感とか強く募っちゃって、失敗するんじゃないかと思っちゃって、もう舞台に上がるのが怖くなるぐらいの。

鹿島　ただでさえ10年ぶりって、普通の芸人でもキツいですもんね。

加賀谷　ああ、そうなのかな。

鹿島　舞台から離れてたら。

松本　10年ぶりの復活ライブは、お客さんも温かかったし、10年間世間から消えてたんで「お帰り」「お帰り」って言ってくれて。その部分もあって復活ライブはいい手応えだったんだけど、その後からもう。感情の表現がホントに苦手になってしまって。

加賀谷　その苦手っていうのがホントに分からないの。キックさんが「ちょっと感情上げて」って言っても。

松本　淡々とやってるから「もうちょっと

テンション上げていこうよ」って言うと、分かんない。ずっとテンション上げっぱなしになっちゃうの。

鹿島　舞台は喜怒哀楽表現って必要だと思うんですけど、日常生活はどうでしたか？

加賀谷　日常は…舞台の上って評価される場でもあるから、それで反応が分かるっていうのはあるけど、日常はボヤボヤ生きてるだけだから（笑）

松本　日常会話はそんなに気にならないけど、たとえば稽古とかになるとできない。

加賀谷　カッコよく言うとブレインブレーキみたいなのが入っちゃうの、ギーッて。

松本　何それ？　ブレインブレーキって。

加賀谷　脳のブレーキが何か入っちゃうの。「危ない！」っていうか、「怖い！」みたいな。それで、また負のスパイラルでできなくなっちゃって。また今回もできないってなると、次回もまた難しくなって。だから連鎖的にどんどん下がってっちゃう。

松本　気にしすぎるんだよね。

加賀谷　そうですね。

松本　人の気持ちとか、そういうもの受けすぎちゃうんだよね。芸人ってそういうの分かるやん、舞台に出て客の反応とかそういうの分かるんやけど、それを必要以上に受けちゃうから。ちょっとでも笑ってなかったらもう「大丈夫かな？」と思ったり。

加賀谷　不安が大きくなっちゃって。

松本　間違えたりすると「ヤバいヤバいヤバい！」ってなっていって、どんどんシュンとしていっちゃって、笑いに来た客が心配して帰るような（笑）

鹿島　どう対処されたんですか？

松本　それまで若いヤツに教えたりもしてたから、１個１個ちゃんと紐解いて教えていけばできるなと思って。ライブ終わりにあかんかったところを「こういう感じに直したほうがいいんやないか、ちょっとやってみようか」とかね。その場でやり取りすると、その場ではできたりする。でも次の日は、もうできない。そういうことを最初は繰り返しやっていって。

鹿島　それは若手に教えるのとは、全然違うパターンですよね。

松本　ベースとしては同じように「こういう感じに動いてみたら？」とか「こういう言い方してみたら？」とか演技指導みたいにやって、でもそれがすぐ元に戻って、できなくなってしまう。そういうのを繰り返して、これはもうやめようと思って。そういうダメ出しすると〝自分がダメだ〟ってことばっかり植え付けられるから、結局元に戻るならもうやめようと。あかんかったら「今日あかんかったな、まあええんちゃうの？」っていうところで進めていって、ちょっとでも心に余裕を持ってもらおうって感じだね。

鹿島　復帰されて、どれくらいでその境地にたどり着いたんですか？

松本　そうね、２〜３年ぐらいは実際かかってるよね。どっかで〝できてた自分たち〟っていうのが刷り込まれてるから。過去を引きずっちゃうじゃないけど、理想を体現しようとしてたね。

加賀谷　何か、こうやったらこんなふうにできちゃったりするんじゃないかとか、そういうことを想像しちゃって今の自分と比べちゃう。で、想像の方が勝ってるから、今の自分の方が全然ダメで、これは僕ダメだとか、そういうふうに思っちゃう。

鹿島　でも、ダメだったらダメでいいじゃないか、みたいなことがだんだん伝わり始めたというか、気が楽になり始めたっていうのは確かですか？

加賀谷　たしかたしか！

松本　自分で実感できたんだね、3年ぐらいかかって。できない自分も自分なんだ、こういう面白さもあるんやないかって。

鹿島　それって舞台上のアドバイスじゃなく、復活してきた日常生活にも対応できる接し方だったんですかね。

加賀谷　それはあるよね、多かれ少なかれ。たとえば手とか軽く震えてるじゃん、俺はビブラート効かせてるんだけど（笑）

鹿島　ハハハハハハ！

加賀谷　要は、そういうようなことだよね。気にしすぎちゃうと、もっとブルルルてなっちゃうんだけど、別にそれはそれでいいし、そういう人もいていいじゃん。今のトコ、この枠は誰もいないし、みたいな。そういう妙な開き直りというか、そういう感じはあるよね。

鹿島　それは3年ぐらいで。

加賀谷　徐々にだね、やっぱり。

松本　「もう間違えてもいい、失敗してもいい、忘れちゃってもいいよ、間違えたら間違えましたって言っていいよ。客にでもいいし、俺にでもいいし。話してて分からなくなったら『あれ今、何の話でしたっけ？』でいいよ」って言っても、なかなかできない。プライドが許さないんだよね。

鹿島　テレビのドキュメントでもおっしゃってましたけど、自分たちは当然ネタの細かい部分にもこだわるけど、お客さんはまず松本ハウスを観たいんだと。そこに気づいてちょっと安心したと。

松本　そういう意味ではお客さんに助けられた部分はあるとは思うんだけど、それが自分たちを観に来てくれてる客と、そうじゃないライブでは違ってくる。全部が全部ダメだったわけじゃない、ウェルカムなところでは気持ちよくできるし、スゴくウケる。でもちょっとでも「え、誰？」みたいな、若い子たちが来てるような「誰なの？この人たち」ってなると、ピリピリッとしちゃう。

加賀谷　すぐ伝わってきちゃって、僕の変な空気もお客さんにすぐ伝わっちゃって。

鹿島　今のままでいいじゃないかってなったとき、ネタの作り方って変わったと思うんですよ。松本さんのネタってホントに作り込んでっていう感じですけど、そこから変えられたってことですか？

松本　変えたね。何でできないんだろうって考えたら、言葉にとらわれちゃってる。加賀谷は変なトコでだらしないのに、変なトコで生真面目やから「そこ間違えちゃいけない！」って思っちゃうと1文字間違えるぐらいで「うわ、ヤベえ！」ってなっちゃう。だから、もう台本なくそうって。最初はちゃんと台本があったのを箇条書きぐらいにして、徐々になくしていって。最終的には完全にペーパーなくしてお互いのやり取りで作っていって。それがけっこう効いたかな。それでやったのが即興漫才。お客さんにお題をもらって、お題をもらった瞬間「はい、松本ハウスでーす」ってスタートする、ホントにガチの即興漫才をやり出して。それで結構、楽になったよな。

加賀谷　そうですね。

松本　ある意味、縛られるものがないから。

鹿島　復活してからの方が、新しいとんでもないことをやってたんだなと思いますね。

加賀谷　そうですねー。

松本　鹿島、それはすべてリハビリなの。

鹿島　ああ、リハビリ！

加賀谷　そうなんだよねー（笑）

鹿島　漫才っていう形をしたリハビリだったんですね。

松本　講演会とかでいろんな人と会うやん。催眠療法士の人とか精神保健福祉士の人とか。そういう人たちから見ると、ソーシャルスキルトレーニング、SSTっていう、世の中と同じようなシチュエーションをやって練習するのがあって「僕たちがやってるSSTと同じですね」って言われたよ。

鹿島　治療と同じことをやってた！　スゴいなあ！　当然、今みたいな経験談は講演会でお話しされたりするわけですよね。そうすると、「ああ！」って共通点が出てくる。

加賀谷　反応としてね。だから僕も退院して、しばらく家で療養して。外に出てきて、最初の仕事が後輩の鹿島と久しぶりに会うっていうのはリハビリなの。

鹿島　ハハハハハハ！　ありがたいです、ホントに。

松本　仕事じゃない（笑）。だから松本ハウス結成して初めて会ったときに言ってたんだよね、「ウチら、リハビリだから」って。

鹿島　それが巡り巡って、今！

松本　27～28年経って、ホントにそうなってる。当時も「ウチら、NHKしか出られないから」ってギャグのつもりで言ってたのに。

鹿島　全部ホントになってる。スゴいですねえ！

松本　怖いね、人生って。

鹿島　講演会ではネタをやりつつ、実体験をお話しするっていう構成なんですか？

松本　そうね、だいたい発症の時期から。中学時代に発症してるから、そこから芸人になって入院して、また復活してっていう変遷を時系列に沿って話して。俺はそういう加賀谷と、どういうふうにつき合っていったかっていう話を、ちょっと放り込んでいくっていう。

鹿島　復活後の対応もそうですけど、発症して適度な距離を置くっていうのは専門家の方からすると正しいっていう。

松本　そうそう、後でそう聞いたけど、当時はまったく何も考えてなくて勉強もしてなかったのに、あの距離感が素晴らしいって言われて。いろんなところで「先生」って呼ばれるようになりました。

加賀谷　ハハハハハハ！　キックさんって昔からずっと変わってなくない？

鹿島　変わってないですね。

加賀谷　ホントに変わってないのよ、昔からずっと、このスタンスが。

松本　気を遣いすぎることはないよね。だから、もしかしたらもうちょっと気を遣えと思ってるかもしれないけど。

加賀谷　大丈夫です大丈夫です。

鹿島　加賀谷さんが帰ってくるまでの10年って「もしかしたら…帰ってくるかもしれない」「絶対に帰ってくる」、どっちが強かったですか？

松本　帰ってくるとは、まったく思ってないね。逆にそこを思ってたらやっていけないから。

鹿島　待ってる感じになっちゃうと。

松本　うん。

鹿島　じゃあ、復帰と言われたときは、一も二もなくやろうって思ったんですか？　ちょっと考えたりしなかったんですか？

松本　まったく考えなかったね。できることやればいいやんって、そこに迷いは一切なかったね。

鹿島　スゴいですね、聞けば聞くほどスゴい人とめぐり会いましたね。

加賀谷　ラッキーだよラッキー（笑）

鹿島　ハハハハハハ！　ホントそうですよね、ふたりの関係性って。

加賀谷　うん、ホントにラッキーだよ。

松本　最近、医学誌に論文とか書いてる。

鹿島　論文ですか⁉

加賀谷　そうだよ、何々大学教授、何々大学講師とかのところに「松本キック（松本ハウス）」って入ってるんだから！

鹿島　論文もですか！

松本　うん、載ってんだよな。いいのかな、俺？（笑）

鹿島　でも発症してからの話も含めて、全部リアルな体験ですもんね。専門家から見るとスゴいモデルケースなんでしょうね。

加賀谷　だから専門家の方からしたら、実

際の生活においてはキックさんのほうが先駆けてやってるもんだから、これは正しいとしか言えないんだよね。

鹿島　で、ちゃんと結果を。

加賀谷　出してるっていうことが。

鹿島　そうか、専門家を超えてきたところにいるわけですね。

松本　権威のある先生や教授がスゴいホメてくれて、自分の支配下の医者に一斉メールをして「本を買うように」って。それで1冊目売れたんじゃない？

加賀谷　1冊目売れた（笑）

鹿島　そうなりますよね、ビックリするでしょうね。もちろん芸人としての歩み方もそうなんですけど、なんかスゴいですよね、将来的にそっち方面も。

松本　だから聞かれる。「今後どうなっていきたいですか?」って、よくあるやん、質問として。でも分かんない。前例も何もないし、ホントにどうなるか分からない。

加賀谷　キックさんとか事務所のみなさんとか、スタッフの方々に恵まれてね、ホントに周りの人に恵まれてるなと思って、これ何だろうと思ったら、人徳なんだよね。

鹿島　ハハハハハハ!

松本　これね、講演会で毎回言うの。ここは鉄板なの(笑)

加賀谷　鉄板なんですよ。

鹿島　そうかもしれない。

加賀谷　うん、ホント恵まれてるんだよね。

松本　体格もちょっと恵まれてね。

加賀谷　もうちょっとヤセないと。いま呼吸がしづらいんだよ。

松本　違う病気になってるんじゃないか(笑)

鹿島　そこは対応できない(笑)。でも、もしあの時、あれが…とか、ひとつでも違ってたら。

加賀谷　そうか、そうだよね。

鹿島　人によってはそうですもんね。今、こうして過去も含めて話ができるっていうのは恵まれてますよね。

加賀谷　そうだよね、ありがたいね。

鹿島　復活のとき、加賀谷さん的には最初からそれ一本を考えてたってことですか? それとも迷いとか、いまさらみたいなのはあったんですか?

加賀谷　入院したときから心のどっかでは、いつか僕はお笑い芸人に戻るんだっていう気持ちを持ってたの。それが小さくなったり消えそうになったことはあったんだけど、ずっと持ってて。退院しても、ずっとずっと持ってて。僕、退院した後で一番苦しかったのは薬の副作用なのね。当時飲んでた薬は、合わないわけじゃなかったんだけど、良くなくて。保健所のデイケアっていうのがあって、同じ障害を持った人たちが一緒に作業したりするところがあるんだけど。

松本　生活訓練みたいなところだよね。

加賀谷　そうですね。5〜6年経った頃かな、そこで同じ病気を持った人から「加賀谷さん、統合失調症のいい薬が出たんだよ」って聞いて、それに切り替えて。そしたら、今まで顔の表面に薄い膜がサーッと張ってたような感じだったのが、パーンと取れて。これはイケるかもしれない、そこから本格的に芸人目指そうと思って。これからは芸人になったときに役に立つような毎日を送るようにしようと思ってアルバイトをしたり、いろいろし始めるんだけど。

松本　でも、そこから3年はかかってるんだよ。そもそも薬の相性ってあるんやけど、今は相性のいい薬を飲んでるけど、同じ薬を別の患者さんが飲んでも相性が悪かったらもっと悪くなっちゃう。たまたまマッチする薬にめぐり合ったのも、ひとつのきっかけだよね。

鹿島　それもスゴいですよね。

加賀谷　そう、ラッキーラッキー！

鹿島　ホント、ひとつひとつのタイミングが見事ですよね。

加賀谷　そうだね、ホントに。その薬は世界で賞を獲ったからね。世界で一番活躍した薬みたいな。

鹿島　「これからどうしますか？」って聞か

れても…っていうのはホントそうですよね。

松本　もしかしたら、鹿島も聞こうと思ってたかもしれないけど。

鹿島　ハハハハハハ！　僕もそうですよ「これからどうしますか？」って聞かれても、分からないとしか言いようがないですね。とにかく、明日の仕事頑張ればいいやと思って。一緒ですよ。

加賀谷　大変だよね。

鹿島　大変ですよ、ホントに（オフィス北野のお家騒動）。

加賀谷　ホントにそんな大変なの？

鹿島　社員さんがいなくなりましたからね。

加賀谷　そうなっちゃったの⁉

松本　何、その嬉しそうな顔（笑）

鹿島　マネージャーは新人のふたりぐらいしかいないです。

加賀谷　それ、もうダメだぜ。

鹿島　絶対ダメですよ。

加賀谷　そうなんだ……でも鹿島は能力あるから何とかなるよ。

鹿島　お互い、明日のことしか考えられないですね。

加賀谷　考えられないね。長いスパンだと考えられない。

鹿島　長いスパンだと想像もできないですね。以前ノッチさんに聞いた（Ｐ１５９）とき、これは20年以上前の話なんですけど『ボキャブラ天国』って最初は楽屋が静かで。でもある時、誰か後輩が爆笑問題の太田さんとかにも気軽に話しかけて、そこからワイワイ話すようになったっていう。僕がこの世界に入ったころもそうでしたけど、楽屋ってそんなにワイワイするような場所じゃゃないと思ってたんです。関西芸人は楽屋からワイワイやって、それが『すべらない話』の原型っていうのは想像ができたんですけど『ボキャ天』の楽屋が変わり始めた時期ってあるんですか？

松本　どうなんだろう？

鹿島　今でこそ、関東だろうがどこの芸人だろうが楽屋からワイワイして、そこからネタが始まってるみたいな空気あるじゃないですか。90年代中盤、東の楽屋が変わり始めたのは『ボキャ天』きっかけなのかなっていう話はノッチさんもおっしゃってたんですけど。

松本　そもそもウチら、楽屋にいなかったからな（笑）

鹿島　非常階段とかに、ふたりでいたんですよね。

松本　だいたい2本撮りで、合間にお弁当があって、ウチらは楽屋から出て非常階段で弁当食ってたな。

鹿島　そのお話は当時から聞いてました。

松本　で、たまに来るのがつぶやきシロー。つぶやきシローは来てもつぶやかないの。普通に弁当食ってるだけ。

鹿島　ハハハハハハ！

松本　妙な空間でね。それをアリｔｏキリギリスの石井くんが覗いてるっていう。

鹿島　あのときの『ボキャ天』メンバーって、今もみなさん残られてるじゃないですか。歴史のものすごい一大イベントだったのかなと思うんですよね。

加賀谷　いやー、そんなことないんじゃないかな。

松本　ライブで力をつけた人間が集まって

たっていうのはあるよね。

鹿島　そこにちゃんと参加して、ちゃんとブレイクしてるっていうのは、改めて考えるとスゴいことだと思うんですよね。

加賀谷　ラッキーだからね（笑）。確かに楽屋でワイワイやってる感が、途中から出てきた印象はあるね。最初はスゴいギスギスしてたもん。

松本　仲いいグループができ始めて。たとえば、くりぃむしちゅーなんかｎＷｏのマネゴトやってたじゃん、Ｘ-ＧＵＮと。あいうグループができていって。

鹿島　そういうコミュニケーションが。

松本　それが団体になっていって。

加賀谷　今考えると、ちょっとおかしい感じはあるよね。ＶＴＲが流れるじゃないですか、他の芸人のネタとか。スッゴいドカーンとウケたネタでも、芸人は誰も笑ってないからね。それ、ちょっと今とは違うよね、雰囲気が違う。

鹿島　今だったら、みんなで笑いますよね。

加賀谷　一緒になって笑って、それを楽しんでワイワイって感じになるけど、それを見ても「ふーん」みたいな感じの。

松本　そんな感じだったね。

加賀谷　僕はもう「ふーん」って。

松本　みんながみんな、俺のほうがおもろいと思ってた時代だからね。

鹿島　松本さんは今、サンミュージックの教室でも教えてるんですか？　僕はキック塾でずっとお世話になってたんで。

松本　今、お笑いコースと演技コース両方。

鹿島　あのときの私塾、キック塾がホントに教室になったたってことですよね。

松本　そうそう。サンミュージックアカデミーっていう養成所の講師。

鹿島　最近若い子に教えてたりして、気質って全然違いますか？

松本　そうやね。みんなでワイワイやって、誰かダメ出ししてるときも何か一緒に騒いで。まあお金払ってる子たちだから、やめないように（笑）

鹿島　コンテストでもアマチュアみたいなところから普通に来たり、芸人になるハードルが低くなったのかなと思うんですけど。

松本　「え、ホントに芸人やりたいの？」っていう子がホントに多い。

鹿島　YouTuberみたいな感じですかね。

松本　ネタも作ってこないよ。

鹿島　だけど、そういう場にはお金を払って来る。

松本　来る。専門学校に行くみたいな感覚があるんだよね。

鹿島　行けば、とりあえず何とかなるって思ってるんですかね。

松本　いろんな養成所、転々とするとか。もしかしたらスタンプラリーしてるのかもしれないですけど（笑）。吉本、ナベプロ……サンミュージックまだ空いてるなって。

鹿島　ガツガツ感というか、そういうのは。

松本　でも上に行けるなんて1組か2組なんで、そこを競争してるのかどうか分からん。でも競争っていうのを、もうしなくてもいい感覚になってるのかもしれない。

鹿島　そういうのがまずないんですかね、何やっても大丈夫だろう、みたいな。

松本　うん。ボキャブラのころはスタッフがパネラーに「厳しいこと言ってください、芸人を貶してくれ」って言ってたんだよね。そのせいで嫌われたパネラーもチョコチョコいるけど、あれはスタッフの指示なの。いまは逆に「面白いって言ってくれ」と。その辺りも全然違ってるよね。「つまんない」って言うのはNGなんで。言える人もいると思うけど。

鹿島　そういうギスギス感はいらない、みたいな感じなんですね。

松本　昔はホントにポッと出たアイドルが厳しいこと言ってたから。芸人からすれば「何なん、アイツ?」って、そりゃそうなるよ。でも、向こうはスタッフに言われてちゃんと仕事してただけで。大島渚さんは常に厳しかったけど、なぜかウチらにだけは優しかったな。

加賀谷　満面の笑みでね。

松本　まったくウケてないのに、監督だけはニッコニコして。

鹿島　あれ最高でしたね。NHKってどうなんですか?　『バリバラ』は画期的な番組だと思うんですけど。いろんな番組を経て、あの番組に出てどういう感じでした?

加賀谷　あれはやっぱりテレビ屋さんの番組ですよ、いいも悪いも。意味はいっぱいあるよ、福祉のコトとか知らなかった話がたくさんあるけど、やっぱり作り手としてはNHKといえども、やっぱりテレビ屋さんなんだなって思うところはある。

松本　一石を投じようっていうのはある。

加賀谷　その意気込みは伝わります。

鹿島　ただやっぱり分かりやすくとか、ちょっと面白く見せなくちゃいけないとか、そういうことですか？

加賀谷　それは根底にはあるね。

松本　加賀谷の病気のことをトークしても、そのままで流してくれて全然ウェルカムで、スゴい手は広げてくれて。でも「分かりました！」って言ったら、加賀谷はカッコいいことしか言わないし。

鹿島　ハハハハハハ！

松本　「僕はこういうときはこうで、お客さんはこう思ってると思うんですよね」って、何かキャラ違うんだよ。

加賀谷　でもイキイキしてる（笑）

鹿島　今日は、とにかく復活された後のお話を聞きたくて。

加賀谷　一番、大変だったですね。

鹿島　ファン的には「復活！　万々歳！」なんですけど、次の日からの日常を迎えてのコンビ活動っていうのは、たしかに言われてみればそうかもっていうのは。

加賀谷　そうなっちゃうよね、ホントに何にもないよ。

鹿島　僕らも、「復活？　よかったよかった！」なんですけど、その後の普通の毎日はどうだったかってなると、そっちのほうが大変ですもんね。

加賀谷　そっちのほうが現実だからね。

松本　祭りの後はね。

鹿島　祭りの後の日常の方が、はるかに長いですもんね。そこを生きないと。「芸人幸福論」にふさわしいお話、ありがとうございました！

プチ鹿島

今日と明日にワクワクしてれば いいんだと思ってます

1970年5月23日、長野県出身。時事ネタと見立てを得意とする。『東京ポッド許可局』『荒川強啓デイ・キャッチ！』ニュースプレゼンター（共にTBSラジオ）『プチ鹿島の火曜キックス』（YBSラジオ）『水曜日のニュース・ロバートソン』（スカパー！）ほか新聞、雑誌やWebなどでも連載多数。http://orenobaka.com/

今まで、様々な芸人の半生について聞いてきましたが「じゃあ、お前はどうなんだ」と思う方もいるでしょう。そういえば、私もかなり特殊な芸人です。

現在は、仕事の内容がほぼ「しゃべり」と「コラム」で成り立っています。コラムの締め切りは、月に30本あった時期がありました（さすがに最近は数を減らしてもらっています）。

どうして、こんな特殊な芸人になっているのか。それは、ちゃんとテレビで「ネタ」で売れなかったから。世間的には分かりやすいデビューをしていないからです。もちろん私も、ネタで売れるという〝王道〟を目指していた時期がありました。でも漫才コンビを組んで手ごたえを感じ始め、さぁこれからという時期に相方が「パイロットになりたいんです」と言って明るくお笑いを辞めていきました。

コンビでフリーになったばかりの時だったので、私は完全なひとりぼっちになってしまった。さてどうするか。友人が「フリーなのだから、せめて情報を発信していかないと」とアドバイスしてくれ、ブログを作成してくれました。

せっかく作成してくれたので、ブログにいろいろと書いていくことにしました。それまでは「芸人は、舞台で芸だけをやっていればいいんだ」とか「芸人たるもの、ブログで文章なんか」なんて妙な美学があったのですが、吹っ切れました。頭デッカチで、昔ながらの芸人に憧れていただけなのでしょう。

年齢も吹っ切れる要因になりました。時事ネタとか政治ネタは昔から大好きだったのですが、それまでは「若手が政治ネタなんて」という気恥ずかしさを勝手に感じていました。しかし、コンビを解散した時点で37歳。「もう何でも好きなことをやってやれ」と開き直りました。

ブログで新聞の社説のパロディなどを書き始め、徐々に仕事も来てからはコンビ時代よりネタを作っている自信が湧いてきました。

私が時事ネタ好きな理由は、社会派とか硬派だからではありません。むしろ逆。そこは一体どうなっているの？　という興味本位だけ。

新聞の読み比べとか時事ネタを追うとか、それこそ10代のころから好きだったんです。これは、個人の趣味としてずっと持っていたのですが、まさかそれが喜んでもらえるとは思わなかった。灯台下暗しです。

他に時事ネタが好きな理由をあげると、人が笑う理由には「面白い」のほかに「嬉しさ」があると思うのです。

今日起きたことをみんなで語ったり、あの人はなんて言うのだろう？　と想像し、答え合わせする。共有する嬉しさです。

たとえば私が10代の頃は、何か事件が起きれば「(ビート)たけしが今夜のラジオで何て言うか?」というワクワク感がありました。そして、その話題が出た途端、「来たっ!」という嬉しさがあった。これは面白いのと同時に、嬉しいのです。時事ネタは、小難しくも特殊なものでもないのです。

私は子供のころから、おじさんが読むような新聞や雑誌が大好きでした。政治から芸能までいろいろ読み比べて行間を読んだり、自分なりに裏付けを取っていったりして、ひとり納得していたのですが、どうやらそこまで楽しむのは珍しいらしいことに気づきました。

特に現在はSNSによって「面白い」の意味が拡大されていると思います。バラエティや、ネタ番組などを見てゲラゲラ笑うという「面白い」はもちろんですが、それと同時に「今、何が起きているか知りたい」という興味が高まっているのを実感します。誰でも瞬時に、時事について考えることができる。興味深いという意味での「面白い」も拡がっているのだと感じます。

数年前、ある書籍担当者が「時事芸人」というキャッチフレーズをつけてくれました。大変くすぐったかったのですが、でもよく考えたら、ここ最近起きたことをいかに興味深く面白く語れるかは芸人なら当たり前のこと。芸人は誰でも「時事芸人」なのです。

そんなわけで、私は王道コースでは有名になっていないのですが、ラジオやコラムでの仕事を徐々にいただくようになりました。特に新聞12紙を購読している立場として『芸人式新聞の読み方』（幻冬舎刊・２０１７年）を出版してからは、さらに声をかけられるようになった。何度も言いますが、個人的な趣味だと勝手に思っていたものを、人前で披露したら喜んでもらえたのです。

この本で各芸人に聞いてきた「転機」や「きっかけ」について自分で答えるなら、「自分の武器は、気づいていないところにある」。

「それが誰にも負けない自信があるなら、行け！」です。当たり前の事実にたどり着きます。

でも、それにようやっと気づいてからは、テレビやラジオでしゃべることもコラムで書くことも、舞台でやることもすべて一本の線でつながりました。

舞台では、スタンドマイクを一本だけ用意してもらって、時事ネタを2時間近くしゃべり続けます。ギャグよりも、見立てとか解釈を話す割合が多いです。こういうのを喜んでくれるお客さんがいるというのも、新鮮な気づきでした。

あと、もうひとつ大きかったのは、２００８年に『東京ポッド許可局』というポッドキャストをはじめたことです。プチ鹿島、マキタスポーツ、サンキュータツオという3人の売れない芸人でスタートしました。

当時みんなヒマだったので、喫茶店ルノアールに集まってしゃべって、ポッドキャストを配信したのです。無駄話という体ですが「実はトークに自信あります」という、業界へのプレゼンという意味もあった。今の「YouTuber」的な発想で始めたのです。

コンセプトは「屁理屈をエンタテインメントに!」「エンタテインメントとインタレスト、ふたつの意味の面白い!を両立」「行間を読む」。

するとどうでしょう、徐々に聞いてくれる人が増えました。3年後の2011年に思い切って日比谷公会堂を借りてイベントを開催したら、2千人が来てくれました。その後、イベントチケットは即完売となることが続きました。今まで百人のお客さんを呼ぶのに苦労していたのに、これは異常事態だと実感しました。

2013年には、業界トップを走り続けるTBSラジオが声をかけてくれました。仮想ラジオが、ホントのラジオ番組になったのです。

TBSラジオは、我々にスタイルの変更を一切要求せず、そのまま番組化してくれました。それまで聴き続けてくれたリスナー(我々は局員と呼んでいます)と、理解あるスタッフに見つけてもらったおかげです。

おじさんたちの奇跡が、うっかり始まったのです。

3人はそれぞれ得意ジャンルがある。マキタさんの「音楽」「食へのこだわり」、サンキュータツオは「落語」「アニメ」、私は「時事ネタ」「プロレス」が大好き。

でも、そういう専門性よりも、あーでもないこーでもないとしゃべり合う空間に「自分も参加している」という同士意識を抱いてもらったのが、ここまで大きくなった要因だと思う。3人の関係性に親しみを感じてもらえたのも大きい（つまり、それがラジオなのかも）。

番組が進むに連れ、お互いに仕事が増え、今では皆が忙しい毎日を送っています。マキタさんは俳優業でも売れっ子で映画にドラマに出演、タツオは最新版の『広辞苑』執筆に参加し、私はこの春からテレビやラジオに週7本出演という、10年前には考えられなかった今がある。

だから最近、つくづく思うのです。仕事は自分でつくるもの。ヒントはいくらでも転がっている。自分で気づけば事態は変わる。そんなことを改めて痛感しています。

ちょっと昔だったら、本業のネタで売れない限り、もうそれで終わりだったと思います。だけど、ネットのおかげでここまで来られたと言える。その考え方面白いねとか、その見方面白いねっていうのが成り立つ〝隙間産業〟があったわけです。

今は全部がつながっています。自分の興味が仕事になります。あれだけ無駄な時間を送ってきたけど、今に役立ってる。

実は無駄な時間なんてねえんだなっていうのは、最近つくづく思います。

さて、ここから初めて書くのは『東京ポッド許可局』って誰が最初にやろうと言いだしたのか、です。これは重要です。まったく無名の芸人が世間にプレゼンして売れていくというのは、この本のテーマのひとつに共通しているからです。

マキタ、タツオにポッドキャストをやろうと誘ったのは自分だと、ずっと思っていました。記憶も確かだ。「マキタ学級大文化祭２００７」という大きなイベントが２００７年10月５日にあった。

そこでマキタさんが「芸能とか音楽とかスポーツとか、年表で語るトークコーナーをやろうと思うんだ。手伝ってくれない？」と出演依頼をしてくれました。

これは、彼の優しさでもある。というのは、その直前に私は漫才コンビを解散したばかりだった。お笑い界の一部地域ではけっこうな話題になり、心配もされました。当時、もう37歳ですから「プチ鹿島どうすんだ」的な。そんな意味もあって、マキタさんは私に声をかけてくれたのだろう。

イベント数日前に、マキタさんが年表資料を持参してロイヤルホストで打ち合わせをしました。打ち合わせと言っても、芸能・娯楽・スポーツがたくさん並んでる年表です。バカ話が弾みます。マキタさんが音楽のことを語り出すと、私が同時期のプロレスの動きを語る。同時にお笑い番組のことかも。そしたら、つながりがなさそうなモノがどんどん同じ土俵で語れるのです。事実の確認もできる。

たとえば80年代にザ・ロード・ウォリアーズというタッグチームが、ロックバンド『Kiss』を意識したような顔面ペイントで登場した話をしたら、プロレスとロックの親和性の高さ論になりました。その話が脱線して「長渕と鶴太郎の生きザマは似てる」とマキタさんが言いだして盛り上がりました。ああ、こういう見立てや屁理屈評論のような「面白い」もあるんだな、と楽しかった。結局、朝まで話しました。

その帰りがけに「今、ポッドキャストというのがあって、小さな機械ひとつあればすぐ配信できるんだよ。ファミレスとか喫茶店で、そのまま収録できる。今日みたいな話を粛々としゃべる番組やろうよ」と私は駐輪場でマキタさんに言いました。「番組名はロイヤルホスト収録だけに〝ロイヤルポッドキャスティング〟とか、どう⁉」という軽口も。

マキタさんは「ポッドキャスト？」と興味深そうでした。私がなぜポッドキャストを知っていたかというと、同時期にみちさん（当時IT企業勤務、現ハードコアチョコレート大阪店長）という方と知り合っていたからです。

私は、コンビ活動をしていたころからハードコアチョコレートのイベントによく出ていました。コアチョコはTシャツブランドでもある一方、お笑いや音楽イベントを仕掛けるプロモーター的な存在でもあったんです。そこで映像イベントをやったときに、みちさんを紹介されたのです。

みちさんは既にポッドキャストのレコーダーを持っていて、自分の番組を配信していました。その知識の広さや、フットワークの軽さに芸人とはちがう「面白さ」を感じました。

そんなわけで「ポッドキャスト？　できるの？　そういうの」と言ったマキタさんに「みちさんって人がいるから、今度紹介する」と告げ、そして「タツオも絶対入れよう。3人でやろうよ」と私は言いました。

マキタさん、タツオとはいつもお笑いライブ終わりに夢中で話していた仲です。だからこの3人が手の合うことは分かっている。タツオの屁理屈とか、それこそ「小朝」論も飲みの席で聞いていて感心していました（各自検索）。マキタ、鹿島がいればタツオがいるのは当然。

で、これも不思議なことなので今でも覚えているのですが、その日の夕方にタツオから「鹿島さん、今度ポッドキャストをやりたいと思っているんですよ。やりませんか、一緒に」というメールが来たのです。その偶然に驚いて「今朝、マキタさんにもやろうと俺、言ってたんだよ」と返しました。

そして年明けです、1月中旬にマキタ邸に集合して初収録。2月から配信しました。そんなわけなので、私はずっと『東京ポッド許可局』は自分からの提案だと思っていた。タツオからの私へのメールも、マキタさんが調整したんだと思っていた。

そしたら、最近タツオが「違いますよ鹿島さん、ボクがマキタさんに提案したんです」と言うので「え、どういうことだ？」と聞くと、「あの頃、鹿島さんがコンビ解散したでしょ。だから、芸人辞めさせないためにポッドキャスト番組を考えたんですよ」と言うのです。

そのくだりは、以前に自分のメルマガでも書きました。ちょっと抜き出してみます。

《ボクのことは東京ポッド許可局で知ったという人が今や圧倒的だからです。大川興業でコンビを組んでネタ番組にこっそり出てた時代が2004~2006年頃。そのあと解散してフリーになってからは「地下」に潜った状態。そんな折にポッドキャストを始めた。だからポッドキャストきっかけも当然です。

東京ポッドは、じつはマキタ&タツオが「プチ鹿島が解散して結果的に今、フリーでひとりぼっちになってしまった。お笑い辞めないように、絶対辞めさせない」と気を使ってくれて始めた番組なんです。私はそんなこと全く知らずに、のん気に楽しくやっていたのですが…だから自分はマキタ&タツオのおかげで今がある》（メルマガ2012年12月31日配信号）

もう一度、時系列で考えてみると「ポッドキャストをやろう」と私がマキタさんにロイホで提案したのは、確かにあの日の朝。「マキタ大文化祭」の直前だから2007年10月5日の数日前。

で、マキタさんがタツオにその日のうちに連絡をしてくれたのだろう。おそらく「PK（私の愛称）がポッドキャストやりたいって。芸人辞めさせないために、やんねえか?」という内容だったのかもしれない。だからタツオが夕方に鹿島に「ポッドキャストやりましょう」と連絡した。

「いい話」です。この流れがいちばん自然だと思えるようになりました。

ところが。

TBSラジオ番組化が決定して、タツオもブログに東京ポッドのことを書いていたのですが、それを読むとまた微妙にニュアンスが違う。ちょっと引用してみます。

《私は当時「いままでのやり方で結果が出ていないのだから、売れていない芸人は1

80度発想を変えるべき、あるいはリスクを追ってでも勝負すべき」と主張していて、周囲から孤立しかけていました。過激派だったんですね考え方が。いまだにそういうとこあります。

私はいまの事務所に入ったばかり（2007年に事務所に入りました）でしたが、この手の発想に賛同してくれたのがマキタスポーツで、ここにプチ鹿島という才能を加えて三人ではじめました。二人はあまりポッドキャストのことを知らないようでしたが、とにかくなにかに繋げたいのでといって、配信を開始しました》（「サンキュータツオ教授の優雅な生活」2013年3月18日）

タツオからすれば、自分発信で何かやろうと考えていたということになる。そういえば、すでにタツオは「アニメ会」というポッドキャストをやっていて、イベントなども成功させていた。

実際、起ち上げが決まるとタツオがコンセプトみたいなものをせっせと文章化してくれた。で、タツオ&鹿島ですり合わせが続いた。これでいくと、タツオと鹿島が偶然にも「同じメンバーによる番組」を「同じ時期」に考えていたことになる。

もう一度言っておきますが、誰が最初に提案したのか？　を探っているのではありません。もはや、どうでもいいんです、それは。

ここでおさらいしたかったのは「鹿島が芸人を辞めないために、マキタがタツオに連絡して、あの日に意見が揃った」という美談よりも「あのころ、何か新しいこと始めようぜと3人が考えていて、偶然同じ日に動いた」と想像したほうが、俄然面白いということなんです。

だって、そうでしょう。今まで何もなかった芸人3人が、意識を変えて同じ日に新しいモノで動き出したのですから。

真相を探ろうと思えば、いくらでもできる。マキタ、タツオに時系列順で聞けばいい。でも、あえて聞いてません。

だって、そんなこといいじゃん。

「俺たち、まだ始まっちゃいねえよ」ですから。

東京ポッド許可局は今年で10周年です。それぞれ新しい事務所に移籍することにもなりました。何という展開でしょう。

今日と明日にワクワクしてればいいんだと思ってます。

芸人幸福論を、やっと感じている今日この頃です。

本書は隔月刊誌『CIRCUS MAX』の連載企画「プチ鹿島の芸人人生劇場」（2012年12月号～2018年2月号）を加筆修正の上、まとめたものです。

◎**著者略歴**
プチ鹿島（ぷち・かしま）
1970年5月23日、長野県出身。時事ネタと見立てを得意とする。『東京ポッド許可局』『荒川強啓デイ・キャッチ！』ニュースプレゼンター（共にTBSラジオ）『プチ鹿島の火曜キックス』（YBSラジオ）『水曜日のニュース・ロバートソン』（スカパー！）ほか新聞、雑誌やWebなどでも連載多数。http://orenobaka.com/

芸人《げいにん》「幸福《こうふく》」論《ろん》 格差社会《かくさしゃかい》でゴキゲンに生《い》きる!

2018年６月25日　初版第１刷発行

著　者　プチ鹿島《かしま》

発行者　塚原浩和
発行所　KKベストセラーズ
〒170-8457
東京都豊島区南大塚2-29-7
電話 03-5976-9121

印 刷 所　近代美術株式会社
製 本 所　株式会社積信堂
Ｄ Ｔ Ｐ　オノ・エーワン
カバーデザイン　モリタミツル

ISBN978-4-584-13876-2 C0095